GILBERTO FREYRE

Dados Internacionais de Catalogação na Publicação (CIP)
(Câmara Brasileira do Livro, SP, Brasil)

Roland, Maria Inês de França
  Gilberto Freyre / por Maria Inês de França Roland. – São Paulo : Ícone, 2000. – (Série pensamento americano / coordenador da série Wanderley Loconte)

  Bibliografia
  ISBN 85-274-0612-8

  1. Antropólogos – Brasil – Biografia 2. Freyre, Gilberto, 1900-1987 I. Loconte, Wanderley. II. Título. III. Série.

00-2261   CDD-301.092

Índices para catálogo sistemático:

1. Antropólogos : Biografia e obra   301.092

GILBERTO FREYRE

Por **Maria Inês de França Roland**

Coordenador da série
Wanderley Loconte

© Copyright 2000.
Ícone Editora Ltda

Projeto editorial e edição de texto
Wanderley Loconte

Revisão e preparação de originais
Antônio Carlos Tosta

Diagramação
Andréa Magalhães da Silva

Proibida a reprodução total ou parcial desta obra,
de qualquer forma ou meio eletrônico, mecânico,
inclusive através de processos xerográficos,
sem permissão expressa do editor
(Lei nº 5.988, 14/12/1973).

Todos os direitos reservados pela
ÍCONE EDITORA LTDA.
Rua das Palmeiras, 213 — Sta. Cecília
CEP 01226-010 — São Paulo — SP
Tel./Fax.: (11) 3666-3095

ÍNDICE

Vida e obra 7

Época e pensamento 17

O universo filosófico da obra de Freyre 21
Os eixos teóricos de Gilberto Freyre 24
Harmonia, conciliação e acomodação 28
Para o Brasil e o mundo 30
A polêmica na obra de Freyre 33
A relação entre o público e o privado 34
O mulato e a relação entre Estado e sociedade .. 35
A ecologia na teoria gilbertiana 35
A família e a organização social brasileira 36
A questão racial e a cultura 36
A questão fundiária 39
Freyre e sua obra 41

Temas 45

Freyre e a Literatura 47

Freyre e o Etnocentrismo 49
Freyre e o Meio Ambiente 52
Freyre e o Turismo 57
Freyre e a Cultura 59
Freyre e a Arquitetura 62
Freyre e o Regionalismo 64
Freyre e as Relações Internacionais 67
Freyre e as etnias formadoras do Brasil 70
Freyre e a Amazônia 74

Bibliografia 77

Vida e obra

"No meu caso, nasci... brasileiro. Produto em grande parte, de já antigas raízes brasileiras. De sangues já miscigenadamente brasileiros. Aprendendo a falar numa língua neolatina já abrasileirada, tropicalizada, africanizada, amerindianizada. Ouvindo cantar, chorar, rezar nessa língua. Vindo a ouvir nela diminutivos, aumentativos, palavrões. E vendo talvez mais que outros meninos certos verdes, azuis, amarelos, vermelhos, roxos, alaranjados tropicalmente brasileiros."

Gilberto Freyre

Na virada do século XIX para o século XX, quando o Ocidente vivia a euforia da *modernidade* e os países europeus estendiam suas garras imperialistas sobre o mundo, nascia Gilberto de Mello Freyre, no Recife, Pernambuco, terra do açúcar colonial. Era 15 de março de 1900, época em que o Brasil se agitava com o fim da escravidão, a imigração de trabalhadores europeus com suas idéias revolucionárias e a República.

De origem aristocrática, Gilberto Freyre passou sua primeira infância experimentando uma vida despreocupada de brincadeiras com seus irmãos e a criadagem negra de sua casa, herança de um passado escravista não muito distante. A vida de deleite retardou por algum tempo sua alfabetização, intrigando seus pais, Dr. Alfredo Freyre – juiz de direito e catedrático da Faculdade de Direito do Recife – e D. Francisca de Mello Freyre. Foi um certo Mr. Williams, professor particular inglês, quem despertou o interesse no menino pelo mundo das letras, aproveitando-se de seu gosto infantil pelo desenho.

Tanto Gilberto Freyre se desenvolveu nas mãos de Mr. Williams, que aprendeu a ler e escrever primeiro em inglês. Depois aprendeu francês com sua mãe, e latim com seu pai. Desde então, não deixou mais de escrever. Na adolescência foi redator-chefe do jornal do Colégio Americano Gilreath, protestante, que freqüentou até os 17 anos, quando concluiu o curso de Bacharel em Ciências e Letras. Nesse mesmo ano começou a estudar grego e tornou-se membro da Igreja Evangélica, para desagrado da família, católica. Tomou parte em atividades assistenciais de sua Igreja, visitou mocambos e interessou-se pelo socialismo cristão. Aos dezoito anos, o jovem Gilberto Freyre seguiu do Recife para os Estdos Unidos, permanecendo naquele país por quatro anos, dois na Universidade de Baylor e dois na Universidade de Colúmbia, onde apresentou o ensaio *Vida Social no Brasil nos Meados do Século XIX* para o grau de mestre em Sociologia, em 1922. Em Colúmbia, foi contemporâneo de Ruth Benedict e Margareth Mead, jovens que se tornariam reconhecidas antropólogas norte-americanas. Teve como professores importantes acadêmicos da época, como Franz Boas e Franklin Giddings.

Curiosamente, ao concluir seus estudos Gilberto Freyre deixou de comparecer à solenidade de formatura nas duas Universidades. Atribui-se essa atitude a uma promessa da adolescência de não se deixar seduzir pelo academicismo.

Completados os estudos em Colúmbia, Gilberto Freyre viajou dos Estados Unidos para a Europa. Esteve na França, na Alemanha, em Portugal e na Inglaterra, onde freqüentou a Universidade de Oxford, um dos principais centros acadêmicos do mundo naquela época. Ali, imaginou ter encontrado o ambiente ao qual pertencia, mas foi vítima da indiferença dos europeus, tendo acolhida e reconhecimento apenas como membro da comunidade hispânica daquela Universidade. Foi desse período a elaboração do esboço de uma teoria sobre *pan-lusitanismo* e *pan-hispanismo*, que mais tarde seria aproveitada pelo escritor em seus ensaios sobre relações internacionais.

Enquanto viveu no exterior, Gilberto Freyre manteve ligação com o Brasil enviando artigos para o jornal *Diário de Pernambuco*, atividade à qual deu continuidade após seu retorno.

Em sua permanência na Europa, Gilberto Freyre travou contato com o que havia de mais moderno, revolucionário e reacionário em termos de arte, política e cultura: expressionismo, imagismo, anarco-sindicalismo e federalismo monárquico. Conviveu com modernistas brasileiros que viviam em Paris, como Tarsila do Amaral, Vitor Brecheret e o pintor Vicente de Rego Monteiro, que fez um retrato seu. Era um jovem vaidoso, rico e inteligente, fazendo contatos, lendo muito, escrevendo e participando de eventos culturais.

Rejeitado em Oxford, Gilberto Freyre retornou ao Brasil, iniciando uma fase intelectual chamada de <u>regionalista</u>. De volta à terra natal, foram necessários dois anos de adaptação ao provincianismo do Recife e à resistência de sua família contra sua profissão de sociólogo. No período de adaptação, Gilberto Freyre estabeleceu estreito contato com jovens escritores e artistas. Ativista, em 1924 fundou o *Centro Regionalista do Nordeste,* e em 1926 organizou o *I Congresso Regionalista Brasileiro*. Fundador, em 1928, da cadeira de sociologia no ensino brasileiro, como professor de sociologia na Escola Normal Oficial do Recife, Gilberto Freyre deu à disciplina um caráter inovador, experimental, instituindo a pesquisa de campo.

Durante o governo de Washington Luís (1926-1930), Gilberto Freyre foi convidado pelo governador de Pernambuco, Estácio Coimbra, para assumir o cargo de chefe de gabinete e diretor do jornal *A Província*, situacionista. Dessa maneira o escritor entrou no universo da política partidária, ao lado das elites mais conservadoras.

A política brasileira passava por um momento de grande tensão quando Gilberto Freyre se lançou na vida pública. Amplos setores da sociedade, tais como grupos urbanos, jovens oficiais do Exército, agremiações políticas, banqueiros e industriais, manifestavam-se abertamente contra o predomínio oligárquico.

O governador Estácio Coimbra e Gilberto Freyre, representantes formais das oligarquias pernambucanas, foram atacados por seus opositores políticos. Para agravar a situação, Pernambuco foi palco de um dos estopins do golpe de 1930: João Pessoa, candidato vencido nas eleições presidenciais como vice-presidente na chapa de Getúlio Vargas, foi assassinado no Recife, em julho daquele ano.

Com a ascensão de Getúlio Vargas ao poder, Estácio Coimbra foi deposto e exilado. Gilberto Freyre o acompanhou no exílio, ficando ausente do Brasil por dois anos. Enquanto isso, no Recife, propriedades da família Freyre foram saqueadas e queimadas, num acesso de fúria popular contra as oligarquias vencidas.

Em seu exílio, Gilberto Freyre foi professor visitante na Universidade de Stanford, EUA (1931), onde lecionou como doutor, ainda que não tivesse esse título. O sucesso de seu ensaio em Colúmbia, na década de 1920, lhe garantiu esse privilégio.

Regressando ao Brasil em 1932, concebeu o livro *Casa-Grande & Senzala,* obra-prima escrita em meio a grandes dificuldades financeiras, lançada a público em 1933. Abordando o tema fundamental da formação do Brasil, arrojado para a época, *Casa-Grande & Senzala* tornou-se em pouco tempo um clássico do ensaísmo brasileiro.

Sempre polêmico, Gilberto Freyre enfrentou a questão racial em 1934, quando organizou o *I Congresso Afro-Brasileiro*, e promoveu o debate sobre a contribuição do negro para a formação social brasileira. Por conta disso, foi considerado comunista nos meios intelectuais mais conservadores.

Além de *Casa-Grande & Senzala,* outro ensaio clássico do escritor foi publicado ainda nos anos trinta: *Sobrados e Mucambos (1936),* no qual discutiu as transformações do país advindas da urbanização e desenvolvimento das relações capitalistas. Ambas as obras, permeadas por um toque de saudosismo do passado senhorial, compõem, em conjunto com *Evolução Política do Bra-*

sil (1933), de Caio Prado Júnior, de cunho marxista, e *Raízes do Brasil* (1936), de Sérgio Buarque de Holanda, marcos históricos de análise da formação social brasileira.

Enquanto durou a ditadura Vargas (1937-1945), Gilberto Freyre fez-lhe oposição política; também combateu o integralismo e o comunismo. Era um conservador, antimarxista declarado, adepto da descentralização política e contra qualquer tendência política homogeneizadora.

Em 1942, ano seguinte de seu casamento com Magdalena Guedes Pereira de Mello, foi preso por ter denunciado atividades nazistas e racistas no Brasil, sendo solto após interferência direta do amigo general Góes Monteiro. No ano de 1945, Gilberto Freyre participou da campanha pela presidência do brigadeiro Eduardo Gomes, e discursou em comício oposicionista, realizado no Recife, marcado pela morte do estudante Demócrito de Sousa Filho e de um popular.

Democratizado o país com a queda do governo Vargas, Gilberto Freyre teve mais uma oportunidade de participar diretamente da vida política nacional. Foi candidato dos estudantes para a Constituinte de 1946, sendo eleito deputado federal pela União Democrática Nacional, UDN. Atuou em vários temas, um dos quais relacionado à questão do ensino universitário: defendeu a federalização de universidades de importância regional ou transestadual.

Em 1949 ampliou suas áreas de atuação intelectual e política, criando a Fundação Joaquim Nabuco (posteriormente vinculada ao Ministério da Educação e Cultura) e representando o Brasil na *4ª Conferência Internacional da Organização das Nações Unidas*.

Gilberto Freyre político não refreou as atividades do sociólogo. Em 1952 publicou o *Manifesto Regionalista*, livro em que sistematizou as idéias do movimento de sua juventude. Vivamente inquieto com a idéia de desenvolver uma teoria geral do Brasil, publicou o livro *Ordem e Progresso* (1959), um desdobramento de sua obra clássica.

A década de 1950 foi caracterizada pelo declínio do prestígio de Gilberto Freyre no Brasil. O país passou por grandes transformações. A população urbanizou-se com grande rapidez e a industrialização avançou de maneira vertiginosa, superando em muito o desenvolvimento da agricultura. Desde o governo Dutra, e principalmente com o governo Juscelino Kubitschek e a construção de Brasília, o país tomou novo rumo. As Ciências Sociais seguiram o caminho do funcionalismo e do marxismo. Nesse período, as idéias de Gilberto Freyre já eram vistas como conservadoras e superadas.

No exterior, a recuperação econômica da Europa após a Segunda Guerra Mundial e o processo de descolonização da Ásia e da África tornaram simpáticas as idéias de democracia racial de Gilberto Freyre. Para se ter uma idéia, em 1956, Gilberto Freyre foi convidado a participar de reunião da UNESCO, que discutia os rumos das relações raciais num mundo em acelerado processo de transformação. Nessa época intensificou-se a publicação de seus livros em língua estrangeira, com grande sucesso.

Nos anos 60, cresceu o prestígio internacional de Gilberto Freyre na mesma proporção de seu isolamento por setores da intelectualidade brasileira. Ele apoiou o Golpe Militar de 1964 e as medidas repressivas que culminaram no Ato Institucional nº 5, o AI-5. A partir de então, o escritor recolheu-se em sua residência, o Solar de Apipucos, e manteve sua atividade intelectual, tornando-se gradativamente mais acadêmico em seus textos.

No sentido contrário de seu desprestígio nacional, em 1971, Gilberto Freyre foi condecorado Cavaleiro do Império Britânico, pela rainha Elizabeth II. Honra raramente concedida a pessoa não-britânica, só foi dividida com outro brasileiro, Edson Arantes do Nascimento, o Pelé. Gilberto Freyre recebeu outras homenagens no exterior, e do *establishment* brasileiro. Ao completar 80 anos, viveu uma maratona de homenagens, dentre elas um Simpósio Internacional promovido pela Universidade de Brasília. Em 1984 pronunciou o discurso oficial da Semana da Inconfidência, em Minas Gerais, a convite do então governador Tancredo Neves, quando o país se agitava com a campanha pelas eleições diretas para presidente da República.

Em março de 1987 reuniu-se com sua família e decidiu instituir a Fundação Gilberto Freyre, no Solar de Apipucos, de sua propriedade. No mês de abril reconduziu-se ao catolicismo, ao receber o Sacramento da Reconciliação, da Eucaristia e dos Enfermos. Gilberto Freyre faleceu aos 18 de julho de 1987, legando para a humanidade inúmeros artigos, ensaios, algumas obras literárias, publicados no Brasil e em língua estrangeira (até recentemente, espanhol, inglês, francês, italiano, alemão, russo e húngaro), além das duas instituições de pesquisa que criou em vida.

Do conjunto de sua obra, sobressai-se *Casa-Grande & Senzala*. Além de traduções para vários idiomas, foi adaptado para música (1961), teatro (1970) e samba-enredo de escola de samba (1962). Das dezenas de livros escritos por Gilberto Freyre, destacam-se: *Guia Prático, Histórico e Sentimental da Cidade do Recife* (1934), *Sobrados e Mucambos* (1936), *Nordeste* (1937), *Açúcar* (1939), *Um Engenheiro Francês no Brasil* (1940), *O Mundo que o português criou* (1940), *Região e Tradição* (1941), *Problemas Brasileiros de Antropologia* (1943), *Sociologia* (1945), *Ingleses no Brasil* (1948), *Quase Política* (1950), *Aventura e Rotina* (1953), *Assombrações do Recife Velho* (1955), *Integração portuguesa nos trópicos* (1958), *Ordem e Progresso* (1959), *New World in the Tropics* (1959), *Brasis, Brasil e Brasília* (1960), *O Luso e o Trópico* (1961), *Homem, Cultura e Trópico* (1962), *Como e porque sou sociólogo* (1968), *A Condição Humana e Outros Temas* (1972), entre outros.

Época e pensamento

"A verdade é que importaram-se para o Brasil, da área mais penetrada pelo islamismo, negros maometanos de cultura superior não só à dos indígenas como à da grande maioria dos colonos brancos – portugueses e filhos de portugueses quase sem instrução nenhuma, analfabetos uns, semi-alfabetos na maior parte."

Gilberto Freyre

A trajetória intelectual e política de Gilberto Freyre esteve marcada por alguns dos momentos mais importantes e conturbados da história do século XX. A década de 1920 nasceu sob impacto da Iª Guerra Mundial (1914-1918), e da experimentação comunista no leste europeu (Revolução Russa,1917). No período conhecido como *entre guerras* (1919-1939), verificou-se a ascensão de idéias e governos ditatoriais em alguns dos países diretamente relacionados nos conflitos da década anterior: como, o fascismo na Itália (1924), o nazismo na Alemanha (1933), o franquismo na Espanha (1939) e o salazarismo em Portugal (1932).

Em contrapartida, a formação da União das Repúblicas Socialistas Soviéticas, em 1922, criou um ambiente propício para o fortalecimento de idéias revolucionárias em todo o mundo. A criação de partidos comunistas em vários países e os movimentos sociais em busca de maior igualdade entre as pessoas, são exemplos disso.

O distanciamento cada vez maior entre os ideais capitalistas e comunistas, levaram a uma bipolarização que se expressaria de maneira mais radical no período da história conhecido como *Guerra Fria* (1945-1989).

No Brasil, as transformações que ocorriam no Ocidente repercutiram nas tensões e contradições da *República Oligárquica* (1894-1930).

No plano das artes, a Semana de Arte Moderna (1922) expressava a insatisfação de setores das elites contra o mimetismo cultural do país em relação à Europa. No campo da política, movimentos civis e militares, como a fundação do Partido Comunista Brasileiro (1922) e o movimento tenentista (1922-1924), demonstravam o descontentamento social contra um sistema de governo estruturado para privilégio de poucos. No plano econômico, a crise da Bolsa de Valores de Nova Iorque (1929) e o declínio nas exportações de café mostraram o problema de sermos um país monocultor.

O golpe de Estado de Getúlio Vargas, em 1930, direcionou o país para uma economia mais urbana e industrial. Setores das classes médias e a população mais pobre foram beneficiados com novas leis civis e trabalhistas. O agravamento das tensões políticas, com o surgimento da Ação Integralista Brasileira, AIB (1932), e a Intentona Comunista (1935), polarizando os movimentos de direita e esquerda, criaram ambiente favorável à emergência do autoritarismo no Brasil.

INTEGRALISMO E COMUNISMO

Integralismo – Movimento de extrema direita, fundado em 1932 por Plínio Salgado, atraiu setores conservadores da sociedade. Inspirado pelo fascismo italiano e pelo nazismo alemão, tinha como características o autoritarismo, o catolicismo e o nacionalismo exacerbado. Dizia-se contra o socialismo, o judaísmo, o liberalismo e o capitalismo internacional. Transformada em partido político em 1933, a Ação Integralista Brasileira, AIB, auxiliou Getúlio Vargas no Golpe de 1937, quando um de seus membros forjou um documento chamado *Plano Cohen*, que denunciava uma suposta conspiração comunista no país.

Comunismo – movimento associado à teoria marxista e às lutas operárias, tornou-se modelo político-administrativo na União Soviética, e ganhou adeptos em todo o mundo. No Brasil, suas idéias foram difundidas por Astrogildo Pereira, líder operário, ex-anarquista, que em 1920 fundou o Grupo Comunista do Rio de Janeiro e, em 1922, participou da fundação do Partido Comunista Brasileiro, tornando-se seu primeiro secretário-geral. Fizeram parte dos quadros do Partido figuras importantes da história nacional, como Luís Carlos Prestes e o escritor Jorge Amado, entre outros. Defendendo teses contrárias aos interesses das classes dominantes, o PCB sofreu intensa repressão, permanecendo na ilegalidade a maior parte de sua existência.

Quando Vargas instalou o Estado Novo (1937-1945), inaugurando um período de totalitarismo à maneira das ditaduras européias, o Ocidente já se preparava para os conflitos eminentes da IIª Guerra Mundial (1939-1945). É do período entre guerras a fase clássica e mais criativa da obra de Gilberto Freyre.

O universo filosófico da obra de Freyre

O ensaísmo de Gilberto Freyre surgiu concomitantemente ao processo de institucionalização da Sociologia no Brasil. Uma Sociologia que o escritor ajudou a fundar, e que tinha a intenção de se tornar uma forma legítima de explicação da sociedade e de intervenção nas decisões políticas. Foi um ensaísmo orientado para a elaboração de uma teoria geral do Brasil, fruto não da mera especulação do intelecto, mas de um projeto de formação do escritor para a carreira diplomática.

Na adolescência, Gilberto Freyre foi influenciado pelo diplomata e historiador Oliveira Lima, que se preparava para o cargo de Ministro das Relações Exteriores no governo Washington Luís (1926-1930), e desejava que o jovem o acompanhasse na trajetória da política internacional. Isso explica, em parte, a escolha profissional do escritor.

Durante sua permanência nos Estados Unidos (1918-1922), Gilberto Freyre estudou com os mais conceituados professores daquele país nas áreas de Direito Internacional, Política, e Ciências Sociais, como Giddings, Seligman, Boas, Hayes, Carl van Doren, Fox e John Basset Moore.

> **PENSADORES DA UNIVERSIDADE DE COLÚMBIA QUE INFLUENCIARAM A OBRA DE GILBERTO FREYRE**
>
> **Franklin Giddings** (1855-1931), sociólogo norte-americano, pioneiro na utilização do método estatístico e abordagem indutiva, contribuiu para uma maior objetividade nas pesquisas sociais. Foi precursor das teorias de interação social. (*The scientific study of human society*, 1924)
>
> **Franz Boas** (1858-1942), antropólogo norte-americano, de origem alemã. Foi um dos iniciadores da antropologia moderna ao criar o *culturalismo*, abordagem que considera essencial a especificidade de cada cultura. (*Race, Language and Culture*, 1940)
>
> **Ruth Benedict** (1887-1948), antropóloga, humanista e poetisa norte-americana, notabilizou-se pelo desenvolvimento de um ramo da Antropologia chamado *cultura e personalidade*, segundo o qual para cada cultura específica desenvolve-se um tipo correspondente de personalidade. Adaptou para a análise cultural as expressões *apolíneo* (comedido) e *dionisíaco* (extrovertido), utilizando-as para exprimir tipos de personalidade. (*Patterns of Culture,* 1934)

Os contratempos do jogo político não permitiram que Oliveira Lima se tornasse ministro de Washington Luís, e Gilberto Freyre retornou ao país precisando redirecionar seus objetivos. Chegando no Brasil, o escritor encontrou um país mais inquieto e menos aristocrático.

O que é o Brasil? Qual o seu lugar no conjunto das nações? Pode o país seguir o rumo do progresso e da civilização? Perguntas tão atuais e importantes quanto estas eram feitas nos anos 20 e no início dos anos 30, pela intelectualidade brasileira. Foi em torno desse debate que

Gilberto Freyre ingressou no ensaísmo brasileiro com *Casa-Grande & Senzala* (1933).

Naqueles tempos, existiam duas respostas predominantes para essas questões, ambas procurando explicar cientificamente o preconceito étnico-cultural e a dependência econômica e política do país:

1. o Brasil não podia dar certo porque sua população era majoritariamente negra e mestiça; portanto inferior, cacogênica. Além disso, havia o inconveniente do clima tropical, corruptor até dos espíritos mais empreendedores. O Brasil, assim como outros países situados nos trópicos, estava fadado à subordinação inconteste das potências internacionais, eugênicas, habitantes das zonas temperadas;

2. o Brasil seria viável desde que o caos reinante fosse reparado por um Estado forte e tutelar, e suas leis estivessem de acordo com as características do país. O Brasil seria viável, além disso, na medida em que sua população passasse por um processo de branqueamento, em busca da eugenia e da civilização.

Ambas as teorias eram nitidamente racistas. A primeira, chamada de poligênica, tinha como pressuposto a existência de quase-espécies humanas distintas, sendo a raça ariana, pura, a superior. Seu argumento central associava a mestiçagem a um suposto processo de degenerescência na espécie, se não biológica, cultural pelo menos. Essa teoria teve sucesso influenciada pela presença e difusão das idéias do Conde de Gobineau (1818-1882), um dos pais do racismo moderno, quando embaixador da França no Brasil, no século XIX.

A segunda teoria, defendida pelo importante intelectual brasileiro da época, Oliveira Vianna, também chamada de monogênica, apoiava-se no conceito de evolucionismo linear. Colocando a população branca no patamar superior da evolução humana, reconhecia no processo de branqueamento dos brasileiros a garantia do melhoramento racial, através da miscigenação.

Gilberto Freyre introduziu nesse debate uma proposta inovadora para a época. Lançou mão dos ensinamentos de seus professores Boas e Giddings e propôs uma solução ao mesmo tempo culturalista, neolamarckiana e psicológica para o impasse nacional.

Deslocando o eixo da questão racial para a questão da cultura, afirmou que o Brasil era viável por causa da miscigenação. A astúcia e o pragmatismo do português colonizador – ele mesmo de origem mestiça, moçárabe –, que assimilou características culturais de negros e índios e intercruzou sexualmente com suas escravas, teriam dado origem a uma civilização mestiça desde sua origem, única e melhor, porque harmoniosa e conciliatória.

A miscigenação, na visão de Gilberto Freyre, era a garantia de sucesso do Brasil porque era a síntese da unidade na diversidade, o resultado do amalgamento racial e cultural dos povos formadores da sociedade brasileira, num processo de simbiose étnica e cultural.

Partindo do princípio do Brasil mestiço e viável, Gilberto Freyre desenvolveu sua teoria sobre a formação da nação brasileira. Uma teoria elaborada a partir de três grandes marcos: o patriarcalismo, o intercâmbio cultural, e o trópico.

Os eixos teóricos de Gilberto Freyre

O nascimento da civilização brasileira foi visto pelo prisma do patriarcalismo canavieiro, modelo de organização social do período colonial, que se estenderia para o sudeste cafeeiro, no Império. Para Gilberto Freyre, a civilização brasileira nasceu na intimidade da vida privada das fazendas, das casas-grandes, das senzalas, acima do Estado e da Igreja. A igreja, *com i minúsculo*, segundo ele, era subordinada ao senhor de engenho, num catolicismo utilitário para satisfazer os interesses desse senhor. A figura do Estado, entraria em cena apenas quando da chegada de D. João VI com sua Corte, no início do século XIX, momento da centralização política, da urbanização e da *re*europeização do Brasil.

Engenho de açúcar: sinônimo de riqueza e poder, era também o centro da vida social na colônia. (Obra de Franz Post, século XVII).

Gilberto Freyre usou a expressão reeuropeização, pois tinha uma visão particular do processo de construção da cultura nacional: o português teria, num primeiro momento, europeizado a cultura nativa para, em seguida, sofrer a influência dela, dos escravos negros vindos da África e do Oriente, como resultado do intenso comércio entre as colônias portuguesas espalhadas pelo mundo. Um orientalismo que aparecia no recolhimento das mulheres, no modo delas se vestirem, no modo de sentar-se ao chão, no uso das almofadas e no uso do palanquim como meio de transporte. O processo de reeuropeização decorria, portanto, da transformação dos costumes desde a chegada de D. João VI e sua Corte.

A necessidade de explicar o surgimento da civilização nacional a partir das relações patriarcais levou Gilberto Freyre a comparar o patriarcalismo da sociedade açucareira com o feudalismo: pelo seu caráter de autarquia, unidade de produção altamente independente em todos os aspectos, antimonárquica até, e politicamente descentralizada. Também pela anarquia: não havia união entre os senhores de engenho. Cada um, ou melhor, cada família, tinha suas próprias leis, unindo-se apenas em momentos de ameaça externa ao sistema. Haveria mesmo, na visão de Gilberto Freyre, um paradoxo entre o caráter autônomo da colonização e sua estreita relação com o poder central português, que se estenderia até o início do século XIX.

Aliado ao patriarcalismo, o clima tropical, lascivo e entorpecente na abordagem arianista, era na perspectiva de Gilberto Freyre, ideal para a formação de uma nação em que as mudanças ocorrem sem ruptura, suavemente, sem conflitos extremados. Um clima que *amolenga*, usando expressão do escritor, os espíritos mais exaltados.

A associação das relações patriarcais com o clima, a miscigenação racial e um catolicismo utilitário desenvolvido no Brasil, teriam possibilitado a sobrevivência por quatro séculos de uma civilização caracterizada pelo equilíbrio, algo que, para Gilberto Freyre, não se poderia desprezar. Cabe observar que Gilberto Freyre, aristocrata, anti-burguês, intelectual e ativista, não desejava uma civilização brasileira nascida revolucionariamente à francesa, mas fruto da conciliação entre passado, presente e futuro.

A temática da conciliação com o passado foi importante no seu pensamento porque ele observou na exclusão social resultante da modernização do país, o caminho para a tensão e o conflito. A nova aristocracia brasileira, nascida com a urbanização, teria perdido o sentido de harmonia e ambigüidade do passado patriarcal. Ela teria se tornado estetizada e excludente. Estetizada, porque rejeitava o passado multicultural em nome da modernização à européia; excludente, no sentido do distanciamento social dos negros e mestiços, na ausência da confraternização racial, da miscigenação. Uma civilização que abriu as portas para o conflito social.

É interessante observar que a idéia de conflito permeia indiretamente toda a análise gilbertiana, expressa na subjugação da esposa pelo marido, dos filhos pela mãe e pelo pai, dos escravos pelos seus senhores – adultos ou crianças –, dos invidíduos pelo Estado. Apenas que, para o escritor, o importante era descobrir como equilibrar o que ele chamava de antagonismo.

Casa-Grande & Senzala teve o grande mérito de avançar no debate sobre a possibilidade de formação de uma sociedade com democracia racial, na década de 30, quando o racismo era forte no Brasil e nos Estados Unidos da América, por exemplo. Como novidade, a obra gerou polêmica entre as elites brasileiras. Para alguns setores, o livro representou uma lufada de ar fresco no ensaísmo rígido da época; para outros, foi considerado imoral e chulo, condenado pelas informações que oferecia, as ilustrações que apresentava, a falta de rigor científico, a metodologia considerada vulgar, e o apelo sexual de suas idéias. Estabelecer uma correspondência harmoniosa entre o sadismo do senhor de engenho e o suposto masoquismo do escravo negro, ou dizer que a *sifilização* antecedeu a *civilização* no Brasil, foram idéias mal recebidas. Algumas famílias proibiram seus filhos de ler o livro e suas filhas de ver as gravuras. Um escândalo. A crítica depreciativa chegou a chamar o livro de *Casa-Grande e Sem Sala*. Grande engano. Gilberto Freyre estava objetivamente realizando um esforço para manter as decadentes oligarquias agrárias na esfera do poder político. Era uma estratégia de sobrevivência, expressa em suas idéias.

Harmonia, conciliação e acomodação

O desejo de manter viva a chama da aristocracia rural num país em transformação fez com que o raciocínio de Gilberto Freyre se tornasse circular, e operasse a partir de três idéias: harmonia, conciliação e acomodação. Harmonia entre opostos, conciliação do passado com o presente, acomodação das elites no poder.

O apego à idéia de harmonia se justifica pelo momento histórico em que se inicia a trajetória intelectual de Gilberto Freyre no Brasil, época em que o ideário marxista da luta de classes ganhava força com o sucesso da Revolução Bolchevique de 1917. Ativista, Gilberto Freyre sentiu a necessidade de explicar a sociedade sem recorrer ao recurso do conflito e da violência. Sua teoria foi apresentada como uma terceira via: nem o marxismo, considerado por ele destruidor, nem o bacharelismo estanque. Uma teoria que, por ser original, segundo ele, era eclética e multidisciplinar, aproveitando de todas as correntes de pensamento o que ofereciam de melhor para a análise da sociedade. Até mesmo o materialismo histórico.

A idéia de conciliação relaciona-se às transformações que se iniciam no Brasil da década de 20, com o desgaste da política oligárquica e o avanço da incipiente industrialização e urbanização, de novas propostas para a vida e a arte, esta expressa pelo movimento modernista. O Regionalismo do jovem Gilberto Freyre da década de 20, versão do Modernismo, já era um esboço na busca da conciliação entre o velho e o novo, entre o tradicional e o moderno, entre o Nordeste agrário e oligárquico e o Sudeste urbano e industrial. Nas décadas seguintes, o escritor desenvolveria outras idéias relacionadas à noção de conciliação: *rurbanização,* por exemplo, como processo de desenvolvimento que combina valores e estilos de vida rurais e urbanos.

A acomodação política teve expressão no seu desejo de aliança entre as decadentes oligarquias agrárias e as elites urbanas emergentes.

Gilberto Freyre rejeitou a solução comunista ou qualquer forma de totalitarismo, pois viu neles um risco para a sobrevivência das elites regionais, e também para o que considerava uma multiplicidade de manifestações culturais do país. Ele não admitia a idéia dos pobres no poder, mas os imaginava de alguma forma satisfeitos e submissos. Também não aceitava um único setor das elites controlando o poder; esperava que ele fosse compartilhado pelos representantes do passado e do presente.

Gilberto Freyre conciliador foi, a um só tempo, homem da terra e do mundo. Sua criatividade e seu ativismo ultrapassaram as fronteiras nacionais em busca da união entre os povos. Formulou, ao mesmo tempo, uma teoria para o Brasil e uma proposta para a política internacional do país. A articulação de suas idéias não se restringiu ao contexto nacional, regional ou local. Foram mais arrojadas, sugerindo uma posição de potência de médio porte ao Brasil.

Para o Brasil e o mundo

No plano local, Gilberto Freyre buscou a harmonização das desiguais classes sociais. Procurou atingir seu objetivo através da valorização da pobreza honesta, dos aspectos populares da cultura, da harmonia social. Esse pensamento já transparecia em *Casa-Grande & Senzala*, quando o sociólogo fez a apologia do negro e de sua contribuição para a formação nacional, conferindo-lhe o *status* de colonizador.

No plano regional, a tônica da harmonia e conciliação foi sugerida na forma de um suposto respeito à diversidade cultural e administrativa de cada região, num país que atravessava um período de transição econômica e política, caracterizado pelo processo de centralização do poder, ainda que num Estado federalista. Gilberto Freyre propôs uma unidade com preservação da diversidade e autonomia regional. O Movimento Regionalista da década de 20 expressou, no plano artístico, esse desejo de conciliação com autonomia. Lembrando que o Regionalismo é uma versão do Modernismo paulista e carioca, é importante observar que Gilberto Freyre denominou os participantes do movimento por ele criado "*Regionalistas-Tradicionalistas* do Recife também, a seu modo, modernos e até modernistas".

No plano nacional, sua intenção foi garantir uma fatia do poder para as elites agrárias tradicionais. Em *Casa-Grande & Senzala* a proposta conciliatória aparece na figura da família patriarcal, contraposta ao indivíduo, como berço e base da formação social brasileira. Focalizando a origem da nação na família, Gilberto Freyre procurou fazer uma metáfora da política brasileira, mostrando o papel das aristocracias rurais na formação e consolidação do Brasil.

Ainda no plano nacional, Gilberto Freyre discutiu a idéia de progresso. Em *Casa-Grande & Senzala* o tempo cronológico foi desprezado, pois Gilberto Freyre identificava a contagem do tempo linear com a idéia do progresso norte-europeu, protestante, aquele que associa tempo a dinheiro. Para o escritor, a sociedade brasileira incorria em erro ao incorporar tal idéia burguesa de progresso. Porque o progresso brasileiro deveria ser almejado de forma original, própria, adaptada ao clima e às características culturais do país.

A discussão sobre o progresso apareceu em sua obra através da contraposição entre o que chamava de civilização cristocêntrica, hispânica, e civilização etnocêntrica, protestante. Para isso formulou uma teoria bem particular. Segundo ele, espanhóis e portugueses, cristocêntricos, teriam dirigido a colonização de seus territórios de ultramar a partir de um intuito mais cristianizador do que propriamente explorador, ainda que a busca de riquezas fosse um forte objetivo. Os hispânicos teriam desenvolvido a sabedoria de se envolver, de se amalgamar aos hábitos e cultura nativos, para deles assimilar aquelas características mais propícias ao processo colonizador e civilizatório. Em contrapartida, os europeus do norte, protestantes e etnocêntricos, teriam se especializado na exploração de seus territórios com o objetivo maior do proveito econômico e busca de riqueza, transplantando para suas colônias microcosmos de sua cultura e costumes, excludentes em relação aos valores nativos. Daí o progresso burguês, norte-europeu, ter-se caracterizado pela forma violenta e dramática com que se desenvolveu. Daí também a necessidade de um caminho original para o desenvolvimento brasileiro, no sentido hispânico, que amenizasse as tensões e harmonizasse os conflitos.

No plano internacional, que lhe exigiu maior malabarismo intelectual, Gilberto Freyre idealizou uma parceria entre Brasil e os países dominantes na partilha das áreas de influência política do mundo tropical subdesenvolvido. Ele justificou tal parceria com a idéia de um *pan-hispanismo* dos países colonizados por Portugal e Espanha, e também com as idéias de *luso-tropicalismo* e *hispano-tropicalismo*, ambas frutos da reflexão a partir de sua experiência internacional na juventude, nos Estados Unidos e na Inglaterra.

Quando Gilberto Freyre entrou no universo intelectual norte-americano e europeu, na década de 20, percebeu duas atitudes das elites dos países dominantes: reconhecimento dos hispânicos e indiferença em relação aos brasileiros. Assim, o escritor imaginou que elevar o Brasil a um pan-latinismo hispânico, colocaria o país em posição de relativa igualdade diante das grandes potências mundiais. Ao mesmo tempo, para ser reconhecido internacionalmente o Brasil não poderia se apresentar ao mundo como uma cópia piorada dos países dominantes. Precisaria ser original, pois a cópia implicaria em dependência e dominação. Dessa reflexão tiveram origem suas idéias do luso-tropicalismo e do hispano-tropicalismo: os países tropicais colonizados por Portugal e Espanha comungam de valores e cultura comuns, em aspectos importantes. Também teria origem a idéia da civilização mestiça: harmoniosa e original, capaz de transmitir com sucesso sua experiência para outros países colonizados pelos hispânicos.

Elaborado mais detalhadamente na década de 50, seu projeto de relações internacionais partiu dos seguintes princípios: o Brasil é um país tropical, colonizado por portugueses que desenvolveram nele uma política social de acomodação racial e harmonia social única; Portugal é um país a um tempo hispânico, porque ibérico e híbrido; o Brasil foi colônia da Espanha em um período de sua história colonial (1580-1640), e recebeu forte influência cultural do Oriente e da África. Conseqüentemente, o país é viável e está apto para desempenhar um papel de potência média no contexto das relações internacionais entre os países tropicais subdesenvolvidos, de colonização ibérica. O Brasil é, portanto, um parceiro ideal para os países dominantes, na divisão de poder internacional. Essa disposição de Gilberto Freyre apareceu bem clara em *Homem, Cultura e Trópico* (1962).

A polêmica na obra de Freyre

No pensamento de Gilberto Freyre estão interrelacionadas idéias antiburguesas, projetos para a nação e para certos países periféricos, ao mesmo tempo em que são reveladas a ambição política e acadêmica, o conservadorismo intelectual, o nacionalismo, a ambigüidade e a inconclusividade do escritor. Ambíguo porque paradoxal. Ora elogia, ora critica o papel da família patriarcal, dos jesuítas, do negro, do mestiço. Inconclusivo, porque não toma diretamente partido nem teoria, e porque se considera eclético, avesso à ortodoxia. E como eclético, mais preocupado em criar debates do que concluir.

Polêmico, Gilberto Freyre elegeu questões a um tempo universais e nacionais, regionais e locais. São elas raça, cultura, família, ecologia, diversidade cultural, a relação Estado/sociedade, a relação público/privado, num jogo de polaridades. Elegeu também seus interlocutores privilegiados: as elites urbano-industriais, as elites do poder político, os pensadores da época, tais como Oliveira Vianna, Nina Rodrigues, os modernistas e os marxistas.

A relação entre o público e o privado

O relação público/privado aparece na linguagem, no objeto de análise e na metodologia utilizadas por Gilberto Freyre para a análise social. Crítico da retórica jurídica do ensaísmo brasileiro da década de 20, o sociólogo operou uma verdadeira revolução na maneira de escrever. Utilizou recursos lingüísticos de aproximação com o leitor, tornando a leitura quase uma conversa informal. Como recurso metodológico interrelacionou biografia, autobiografia, Antropologia, História e Sociologia. Utilizou técnicas de pesquisa inusitadas para a sua época: propagandas de jornais, diários pessoais, fotografias e cartas, formavam o pano de fundo de um ensaísmo leve, que beirava o literário. Acrescente-se a isso o fato de Gilberto Freyre eleger a esfera do privado como aquela que mais fielmente descrevia aquilo que o Brasil é, suas características de permanência, constância e sobrevivência.

Ainda a respeito da relação público/privado, Gilberto Freyre identificou fatores de desagregação social no processo de centralização política e regulamentação da vida pública. Em *Sobrados e Mucambos* (1936), apresentou o processo de delimitação formal do que é público e do que é privado, como um risco para a ordem social. O estabelecimento de áreas de exclusão dos pobres no espaço público tendia, na sua opinião, a dilacerar a tradicional e imbricada rede de relações sociais tradicionais, abrindo caminho para a desarmonia e o conflito.

O mulato e a relação entre Estado e sociedade

A figura do mulato ganhou destaque no debate de Gilberto Freyre a respeito da relação Estado/sociedade. O mulato foi, para o escritor, enquanto mestiço, uma espécie de herói. Foi apresentado como o elo harmônico da relação entre brancos e negros, senhores e escravos. No entanto, tornou-se um fator de risco à estabilidade social a partir do século XIX, quando ascendeu na escala social na figura do técnico especializado ou bacharel, e passou a atuar em benefício do Estado e das elites urbanas, esquecendo-se de suas origens e de sua dívida com o passado colonial.

A questão da diversidade cultural pode ser incluída na temática da relação Estado/sociedade. Gilberto Freyre utilizou o conceito de áreas culturais para operar intelectualmente na defesa do regionalismo, o direito de cada região se expressar culturalmente de acordo com as suas tradições, contra aquilo que ele chamou de homogeneização estetizante e excludente, à européia.

A Ecologia na teoria gilbertiana

A Ecologia foi um aspecto que mereceu grande atenção de Gilberto Freyre. *Nordeste* (1937) é uma obra toda dedicada ao meio ambiente, relacionando a vida no trópico à cultura canavieira. Muito lírica, um tanto autobiográfica.

O escritor interessou-se pelas questões ecológicas numa associação direta com sua teoria da formação social do Brasil: a habitação, a culinária, as artes e todas as expressões culturais deviam ser reveladoras das relações entre os homens e o ambiente. Para Gilberto Freyre o trópico era, ao mesmo tempo, o lugar onde se cruzavam o tradicional e o moderno, o Oriente com o Ocidente, em harmonia. O trópico era, ainda, uma esfera da originalidade nacional. O próprio campo de estudos criado por ele, chamado *Tropicologia*, propõe a análise das relações humanas e delas com o ambiente.

A família e a organização social brasileira

A família é um dos pilares de sustentação da teoria gilbertiana. Ela aparece patriarcal, vigorosa e exuberante, até mesmo excessiva, em *Casa-Grande & Senzala*. Uma unidade ao mesmo tempo social, econômica, religiosa e política, que iria transfigurar-se numa instituição em risco de decadência frente ao individualismo burguês, criticado em *Sobrados e Mucambos*.

A família à qual se referiu Gilberto Freyre era tanto a instituição familiar, católica romana, quanto pretendia ser uma metáfora das relações de poder na sociedade brasileira. Era a esfera da vida em que se estabeleciam relações sociais caracterizadas pelo mandonismo, pelo sadismo e o masoquismo, mas também pelas relações face a face, pela acomodação das tensões sociais através do paternalismo e do intercurso sexual. Era o campo em que ocorria o amalgamento das etnias e das culturas. Era a garantia da estabilidade nacional.

A questão racial e a cultura

Raça e cultura: esses foram os temas privilegiados na obra de Gilberto Freyre, porque eram tidos como componentes centrais na definição do caráter nacional brasileiro. Eram eles, o elo da multiplicidade de propostas intelectuais e políticas de Gilberto Freyre. Ambos aparecem em *Casa-Grande & Senzala* e são também questões essenciais do pensamento brasileiro e internacional do início do século XX.

Gilberto Freyre apresentou avanços e recuos ao abordar esses temas. Avançou, na medida em que introduziu uma nova maneira de análise das relações raciais no Brasil. Recuou, porque transferiu a discussão racista para o campo da cultura, e estabeleceu uma hierarquia cultural às etnias formadoras do Brasil. Ele percebeu bem que a questão racial estava impregnada pelas idéias de determinismo biológico e evolucionismo. Daí propôs discutir a formação do Brasil de maneira nova, não pelo aspecto racial, mas pelo aspecto da contribuição cultural de seus formadores.

O português que colonizou o Brasil, dizia Gilberto Freyre, era um mestiço. Mestiço de mouro, judeu, europeu. Era rústico, por isso próximo do escravo. Era híbrido e pragmático, arrojado e perseverante, dócil, mas também cruel. Ele assimilou, não excluiu. Colonizou o Brasil pelas mãos de particulares que tiveram a perspicácia de formar uma sociedade harmoniosa e miscigenada. O português intercruzou-se com a índia, num primeiro momento, e depois com a negra, fazendo da miscigenação racial uma vantagem no processo de colonização.

O negro que veio para o Brasil, "imigrante escravo" no dizer de Gilberto Freyre, era o negro dos melhores estoques da África. Negro de raça branca, segundo ele, representava o lado dionisíaco do brasileiro. Plástico, adaptável, fácil, extrovertido, bom, incapaz de rebelar-se. Foi selecionado entre os melhores estoques africanos porque o país necessitava de mão-de-obra especializada na técnica da metalurgia.

Também necessitava de mulheres, escolhidas para servir ao branco, entre aquelas que mais se assemelhassem ao padrão estético ocidental.

O Escravo nos Anúncios de Jornais Brasileiros do Século XIX, é um exemplo da discussão travada entre Gilberto Freyre e os sociobiologistas, no qual o escritor defendeu a eugenia do estoque racial negro que veio para o Brasil. Por esse argumento, foi a condição de escravo que tornou o negro um degenerado. Ou seja, a organização social escravocrata teria degradado o negro, não seus caracteres raciais.

O negro era, na visão de Gilberto Freyre, agente colonizador e civilizador, ao lado do português, pois era superior ao índio e, em alguns aspectos, até ao português. Mas apenas o negro da casa-grande, não o do eito. Nesse momento Gilberto Freyre caiu na armadilha do racismo, pois ele identificou dois tipos de negros: os inferiores e os superiores. E o índio?

O tratamento dispensado ao índio foi a grande dívida da obra de Gilberto Freyre. Ele já apareceu desvalorizado em *Casa-Grande & Senzala*. Sobre o índio de Gilberto Freyre pesaram todos os pejorativos de inferioridade psicológica e cultural, não conferida ao português e ao negro. Ele era o povo atrasado e dominado, melancólico, nômade, não possuía as habilidades do negro para o trabalho. Era moleirão, inadaptável e possuía o germe negativo do caráter brasileiro: o furor selvagem, a ira revolucionária. O índio representava o lado apolíneo do brasileiro. Para Gilberto Freyre, as relações entre o português colonizador e o índio colonizado só não resultaram no conflito mais aberto, devido à providência do intercurso sexual e da miscigenação racial, nos primeiros tempos da colonização.

Gilberto Freyre relacionou a degradação indígena ao processo de formação nacional. "O açúcar matou o índio", disse ele, porque o latifúndio era incompatível com o nomadismo. O índio teria sido vítima, ainda, de um processo de degradação cultural pelas mãos dos jesuítas. Isolando o índio em aldeamentos, os jesuítas completariam o serviço colonizador, impondo-lhe a moral católica e a língua geral, ao mesmo tempo em que promoveriam a ocidentalização indígena através da convivência harmônica entre crianças negras, brancas e índias, nos seus colégios.

A questão fundiária

Ao desprezar o índio, Gilberto Freyre tocou indiretamente numa questão basilar da formação brasileira: a questão fundiária. Procurando responder as perguntas "Em que país vivemos? Somos uma civilização?", o sociólogo tomou a propriedade da terra como um dado resolvido: propriedade de senhores de engenho, no Brasil colonial e patriarcal; da burguesia urbana, no Brasil moderno.

A questão fundiária foi um tema presente, pela ausência, na obra de Gilberto Freyre. Viva, na medida em que, ao escrever sua obra clássica, na década de 30, a população rural representava quase dois terços do total brasileiro. Mal resolvida pela acomodação política da Primeira República e pela ditadura Vargas, a questão fundiária se arrastou pelas décadas seguintes. A relação entre a questão indígena e a questão fundiária é direta. Os índios, donos de uma terra sem proprietários, foram sendo gradativamente expropriados no processo de avanço da sociedade nacional.

A QUESTÃO FUNDIÁRIA E OS ÍNDIOS DO BRASIL

Em 1850, a Lei de Terras determinava que comissões provinciais regularizassem, pela demarcação, terras de aldeamentos indígenas. Muitas províncias alegavam a extinção dos aldeamentos e integração dos índios à população regional, extraindo-lhes suas terras e vendendo-as para particulares. No estado de Pernambuco, por exemplo, as autoridades extinguiram vários aldeamentos indígenas, distribuindo alguns lotes individuais para índios e suas famílias. Em outros casos, nem isso. O fim da posse coletiva da terra, base da autonomia indígena, determinou o tipo de propriedade rural no Brasil.

A República nascente (1889) deu pouca atenção aos índios e aos seus direitos. Na Constituição de 1891, por exemplo, nenhuma lei os contemplou, senão o Artigo 64 que transferiu para os governos estaduais o domínio de terras devolutas, parte delas terras indígenas. Já em 1934, a nova Constituição determinou o respeito à posse de terras indígenas em que índios se localizassem permanentemente, sendo-lhes vetado aliená-las. Ao mesmo tempo, a União tomou a si a responsabilidade da política indigenista, retirando dos governos estaduais o domínio sobre as terras indígenas. Esta orientação da política indigenista sofreu um abalo no primeiro governo Fernando Henrique Cardoso, quando a Fundação Nacional do Índio (FUNAI), órgão oficial criado para defender os interesses indígenas, perdeu a autonomia que tinha para cuidar do processo administrativo das demarcações de terras indígenas, abrindo novas possibilidades de redução dessas terras.

Esse não foi o único aspecto da questão fundiária ausente na obra de Gilberto Freyre. A década de 30 foi marcada pela regulamentação do trabalho. Na Constituição de 1934 a legislação trabalhista melhorou a situação do operariado urbano, mas não contemplou a grande massa de trabalhadores rurais. Desta forma, os proprietários de terras se beneficiaram da ausência de regulamentação das leis trabalhistas no campo.

Em síntese, ao inventar a cultura brasileira e o povo brasileiro mestiços, o modelo conciliador de Gilberto Freyre esteve em sintonia com a política nacional de sua época, que procurou acomodar a promoção do progresso do país com a manutenção da ordem no campo.

Freyre e sua obra

Há muito de autobiografia na obra de Gilberto Freyre, filho do sobrado, neto da casa-grande. Muitos seriam os adjetivos para caracterizar sua vida: seria possível dizer da vaidade, genialidade, altivez aristocrática e do romantismo, de um escritor que estabeleceu uma relação especial com a academia, com os intelectuais e com a política nacional.

Gilberto Freyre viveu intensamente a tensão entre a fidelidade à sua classe senhorial e os conflitos sociais de sua terra. Se fez a apologia da aristocracia açucareira e da harmonia rural, denunciou sua violência, seus excessos e autoritarismo. Se identificou o negro na condição de escravo como masoquista, orgulhou-se do exemplo de Palmares. Intelectual brilhante, não conseguiu, ou não quis, optar por nenhum dos lados. Sua obra reflete essa ambivalência, caracterizada pela busca do melhor dos mundos do conhecimento, sem filiar-se a uma ortodoxia.

Gilberto Freyre procurou ser independente. Explorou a ambigüidade até o limite da inconclusão teórica. Pode-se dizer que a grande contribuição do escritor para a sociedade brasileira tenha sido a elaboração de uma teoria de democracia racial que se apresentaria como um projeto para o país.

Sua maneira própria e original de escrever, o método utilizado em suas pesquisas, as informações que privilegiava, a linguagem metafórica, ora provocativa, ora sensual, geraram mal-entendidos, críticas de amplos setores das elites do Brasil.

Foi chamado, ao mesmo tempo, desde comunista até fascista. Era um conservador, que denunciou a deterioração das águas dos rios do Nordeste pela poluição das usinas de açúcar, em 1937. Posição arrojada para a época.

Ambivalente e inconclusiva, a obra de Gilberto Freyre refletiu a sua própria ambivalência. Ele, um aristocrata que vestia *tweed* no carnaval do Recife e freqüentava o Restaurante do Dudú, no lado pobre da cidade. Ambivalência e ambigüidade, características de um intelectual que ficava entre os pobres e os ricos, criticando-os e elogiando-os ao mesmo tempo. É como se ele próprio sofresse daquele efeito do clima que amolece até os espíritos mais exaltados. Nem revolucionário nem reacionário, o seu desejo era de confraternização da casa-grande com a senzala. Cada uma delas reconhecendo pacificamente o seu lugar.

Brasil mestiço: da utopia de Gilberto Freyre à conquista da democracia racial. (Obra de Cândido Portinari).

A utopia gilbertiana do início do século XX vem se realizando, demograficamente, na passagem para o próximo século. A população mestiça do Brasil representou, na década de 1990, cerca de 39% do total. Em 1950, não passava de cerca de 27%. Avança a efetiva democracia racial. Uma democracia que poderá transcender o sonho de Gilberto Freyre, quando todos os brasileiros tiverem acesso aos benefícios do conhecimento e do progresso tecnológico.

REFLEXÃO E DEBATE

1. Ao abordar a formação da sociedade brasileira, Gilberto Freyre combateu duas interpretações racistas. Identifique essas interpretações e compare com a abordagem gilbertiana do tema. Dê sua opinião a esse respeito: você concorda com alguma delas, discorda? Por quê?

2. Analise os motivos que levaram Gilberto Freyre a insistir na defesa da acomodação, da conciliação e da harmonia na sociedade brasileira. Contextualize as idéias do escritor: o que acontecia no Brasil quando Gilberto Freyre escreveu sua obra clássica?

3. Elabore um texto situando o meio ambiente na teoria de Gilberto Freyre.

4. Faça uma reflexão sobre a proposta gilbertiana do Brasil se transformar numa potência de médio porte.

Temas

"Insista-se em que aumenta no brasileiro esta consciência: a de ser um povo, quase todo, moreno (...).

"Além do que, não são raros – repita-se – os alvos e louros que se deixam queimar pelo sol quente das praias brasileiras para se tornarem, por esse meio, antes ecológico do que biológico, morenos."

Gilberto Freyre

FREYRE E A LITERATURA

Gilberto Freyre escreveu obras literárias, como a seminovela *Dona Sinhá e o Filho Padre* (1964) e *O Outro Amor do Dr. Paulo* (1977). Contudo, sua palestra no Simpósio Internacional realizado em 1980, na Universidade de Brasília, quando foi homenageado, é um exemplo ímpar do estilo do escritor. Como o leitor terá oportunidade de observar, chama a atenção a maneira como ele conta sobre sua primeira infância, caracterizada pelo lirismo, pelo saudosismo, que tanto o fez ser comparado a Marcel Proust.

Nesta palestra o escritor descreve o ambiente em que cresceu, seu contato com os negros e mestiços que serviam em sua casa, alguns desde o tempo da escravidão. Comenta sua aversão pela escrita, bem como de uma enfermidade curada não apenas por medicamentos, mas principalmente pelo carinho da mãe e da negrinha Isabel. Fortes são as marcas do clima como elemento que amolda a cultura, e da influência Ocidental no comportamento das elites do início do século XX. A intimidade criada com o leitor dá o tom informal que caracteriza o ensaísmo de Gilberto Freyre. Ele conta:

"O que recordo para fixar em menino que se tornaria escritor uma sensualidade que viria a ser característica de sua expressão escrita ou literária. Uma sensualidade ligada ao telúrico e ao tropical do seu alvorecer de menino de quintal, de sítio, de praia, de engenho, de banho de rio, de banho de mar, de fruta colhida no pé, de montaria em carneiro antes de montaria em cavalo, ou em velocípede ou em bicicleta. Mas menino muito de pé descalço. De pé no chão. De bicho de pé. E também, sensível a cheiros ou aromas de matos, de plantas, de flores de jardim, de curral também telúricos. Também tropicais. Isto sem que a esses cheiros naturais deixassem de se juntar os, para um menino de família, como a sua, eurocêntrica, os de brinquedos vindos da Europa, os de biscoitos e chocolates ingleses, os de revistas francesas e inglesas, os de livros vindos da Europa que folheava para deliciar-se, enquanto analfabeto, com suas ilustrações a cores, como o *Dom Quixote*, do qual sua mãe lia o texto para ele, deslumbrado, ouvir as aventuras que aí eram contadas. O mesmo com as *Aventuras de Gulliver*. Enquanto *Os Miseráveis*, de Victor Hugo, seria o primeiro livro importante que leria com gosto, descobrindo o prazer de ler em vez de ouvir ler." (FREYRE, Gilberto. *Conferências...* pág.127-129)

FREYRE E O ETNOCENTRISMO

Tempo Morto e Outros Tempos (1975) é a compilação de registros de Gilberto Freyre, em diário pessoal, entre 1915 e 1930. Como o próprio escritor menciona no prefácio da obra, trata-se de uma reprodução parcial, selecionada entre o material que resistiu ao tempo e aos cupins.

Os temas etnocentrismo e política estão diretamente relacionados a esta obra, que contempla momentos cruciais da vida de Gilberto Freyre na Europa (1918-1922) e nos episódios que o levaram ao exílio, após o golpe de Estado de 1930, no Brasil.

O primeiro texto diz respeito a seus comentários íntimos sobre o prazer de viver em Oxford, Inglaterra, os apuros de receber a visita de um amigo mulato num ambiente em que existe forte preconceito racial, e a palestra que proferiu no *Oxford Spanish Club* (1922), indicando sua compreensão da necessidade de ser mais do que brasileiro, hispânico.

"(...)Tudo mais, depois de Oxford, me parecerá mesquinho. Aqui, encontrei o prolongamento daquele estímulo e daquela compreensão que, menino, só encontrei num inglês, Mr. Williams (...) Agora, entre esses ingleses de Oxford, eu me sinto valorizado como em nenhum outro lugar. Como por nenhuma outra gente. (*op. cit.*, pág.101)

(...)Não sei como resolver o problema de receber num meio como Oxford um brasileiro como Torres que, além de mulato, é feio, feíssimo, com uma gaforinha horrível. Não: eu não tenho preconceito de raça. Mas em Oxford há toda espécie de preconceitos: não só de raça como de aparência física. (*op. cit.*, pág.102)

(...)Falo no *Oxford Spanish Club*. Muito aplaudido, entre goles de Port. Um grupo extremamente simpático, o dos hispanófilos de Oxford.

Vejo-me nesse clube, entre dois dos meus maiores amores: o amor à Inglaterra e o amor à Espanha(...) Numerosos hispanófilos em Oxford. Conversamos sobre autores espanhóis. Vives é aqui muito estimado. Decerto um dos motivos dessa estima é ter estado ele em Oxford, onde lhe foi dado um título de doutor h. c.

(...)A literatura em língua portuguesa é quase ignorada pelos hispanófilos de Oxford. É como se Portugal e o Brasil não tivessem escritores (...) Outra não é a atitude da maioria dos ingleses para com a literatura portuguesa: ignoram que existe." (*op. cit.*, pág. 110)

O segundo texto procura recriar o ambiente político em que Gilberto Freyre estava envolvido no ano de 1930: o período de exílio do Brasil em companhia do governador deposto de Pernambuco, Estácio Coimbra, e seu desejo de escrever sobre a formação do Brasil.

"Ficará esse acontecimento em segredo. Pouquíssimos, os que sabemos o que acaba de acontecer. F. de O. veio do Sul em missão política secreta, importantíssima, dos dois grandes líderes da oposição a Washington Luís e a Júlio Prestes: Antônio Carlos e Getúlio Vargas. Eles levantariam a candidatura de Estácio Coimbra à Presidência da República como candidato de conciliação (...) Estácio recusou. Vamos, assim, para uma situação quase de guerra civil. (*op. cit.*, pág. 243)

(...) O Governador da Paraíba, João Pessoa, assassinado numa confeitaria da Rua Nova. Autor, um Dantas, conhecido pela Bravura(...) Péssimo para Estácio. Vai dizer nos jornais do Rio que foi crime político. A verdade é que foi crime por motivos personalíssimos (...) Considero a vida de E. C. em perigo. Ele está sendo apontado como o responsável pelo assassinato de J. P. Um absurdo. Mas no clima de ódio que o Brasil está vivendo, sobretudo no Nordeste, um absurdo capaz de resultar não só numa revolução como, imediatamente, em várias mortes de homens inocentes." (*op. cit.*, pág. 246)

Nos primeiros tempos de exílio:

"(...) Não maldigo da angústia em que estou obrigado a viver, nesses dias de Lisboa, já dominado desde o Senegal, onde ficamos uns dias – pelo afã de escrever um livro que seja um grande livro, revivendo, o mais possível, o passado, a experiência, o drama da formação brasileira. Um drama demasiadamente humano." (*op. cit.*, pág. 249)

FREYRE E O MEIO AMBIENTE

O livro *Nordeste* acentua as características líricas do escritor, associadas a uma preocupação intensa com o meio ambiente. Nesta obra, que poderia ser considerada um clássico para ecologistas, Gilberto Freyre deixa clara sua intenção de alertar o leitor para a questão ecológica já ao denominar os capítulos: neles, a cana é o fator de destaque, relacionada, em ordem, à terra, à água, à mata, aos animais e ao homem. O destaque para a planta que fez a glória da aristocracia rural nordestina permeia, em *Nordeste*, a busca da conciliação entre o nordeste agrário e o sudeste urbano e industrial, tão desejada pelo escritor. Nesta obra, ele quase se desculpa pela devastação do meio ambiente causado pela exploração da cana-de-açúcar, e diz:

"Com todos os seus defeitos, a civilização do açúcar que se especializou, ou antes, se exagerou no Nordeste do massapê, e dentro do Nordeste, em Pernambuco – seu foco, seu centro, seu ponto de maior intensidade –, em civilização aristocrática e escravocrata, deu ao Brasil alguns dos maiores valores de cultura, hoje caracteristicamente brasileiros, dissolvidos noutras civilizações, distribuídos por outras áreas, diluídos noutros estilos de vida, mas com a marca de origem ainda visível a olho nu. Outros valores não sofreram transformação e morreram; ou existem só em resíduos muito vagos.

Mas foi justamente essa civilização nordestina do açúcar – talvez a mais patológica, socialmente falando, de quantas floresceram no Brasil – que enriqueceu de elementos mais característicos a cultura brasileira.

O que nos faz pensar nas ostras que dão pérolas." (*op. cit.*, pág.287-289)

Se pede desculpas, Gilberto Freyre também faz um alerta: a cana-de-açúcar devastou as matas e poluiu os rios. Isto, em 1937. São suas palavras:

"Sabe-se que era a mata do Nordeste, antes da monocultura da cana: um arvoredo "tanto e tamanho e tão basto e de tantas prumagens que não podia homem dar conta".

O canavial desvirginou todo esse mato grosso de modo mais cru: pela queimada. A fogo é que foram se abrindo no mato virgem os claros por onde se estendeu o canavial civilizador, mas ao mesmo tempo devastador.

O canavial hoje tão nosso, tão da paisagem desta sub-região do Nordeste, que um tanto ironicamente se chama "a zona da mata", entrou aqui como um conquistador em terra inimiga: matando as árvores, secando o mato, afugentando e destruindo os animais e até os índios, querendo para si toda a força da terra. Só a cana devia rebentar gorda e triunfante no meio de toda essa ruína de vegetação virgem e de vida nativa esmagada pelo monocultor. (*op. cit.*, pág. 95-96)

(...)Na semana do Natal de 1936, o rio Goiana, em Pernambuco, recebeu tanta calda que a quantidade de peixe podre foi enorme. Parecia uma praga do Velho Testamento. Os peixes mais finos fedendo de podres ao lado dos mais plebeus. O cheiro de peixe podre misturando-se ao de fruta podre, das margens sujas dos rios.

Quase não há rio do Nordeste do canavial que alguma usina de ricaço não tenha degradado em mictório. As casas já não dão a frente para a água dos rios: dão-lhe as costas com nojo. Dão-lhe o traseiro com desdém. As moças e os meninos já não tomam banho de rio: só banho de mar. Só os moleques e os cavalos se lavam hoje na água suja dos rios.

(...)A água nobre é hoje a do mar – esse mar nuns lugares tão azul e noutros tão verde que banha as areias do

Nordeste. Iemanjá mesma já não é adorada pelos pretos de xangô na água dos rios, mas principalmente na água do mar. E entretanto faz pouco mais de um século que essas praias ilustres não eram senão imundície. Faz pouco mais de um século que nelas só se fazia atirar o lixo e o excremento das casas; se enterrar negro pagão; se deixar bicho morto; se abandonar esteira de bexiguento ou lençol de doente da peste." (*op. cit.*, pág. 82-84)

Além da preocupação com o meio ambiente, Gilberto Freyre interessou-se pela exploração dos recursos naturais do Brasil. É o caso de *Ferro e Civilização no Brasil,* obra encomendada, de um Gilberto Freyre já idoso, vencido pela academia. O estilo já não é o mesmo, lírico e sensual. Caracteriza-se pelo excesso de citações, repetições, prolixidade, superficialidade. É importante porque nele o escritor manifesta sua teoria da vocação agrícola do Brasil. Gilberto Freyre propõe a utilização nacional(ista) do mineral explorado pela Companhia Vale do Rio Doce, em Carajás, no Pará, para a construção de máquinas agrícolas ecologicamente projetadas, além de armamentos para as forças armadas brasileiras e objetos artísticos e de decoração.

A preocupação maior do escritor em relação à utilização do potencial de Carajás está vinculada à necessidade, segundo ele, de associar geração de riquezas com a formação de postos de trabalho regionais, além da consolidação de um mercado interno. Sem um programa de engenharia social e humana, Gilberto Freyre prevê um desequilíbrio entre a atração de mão-de-obra para a região de Carajás e a baixa oferta de trabalho. As possibilidades seriam, então, de se chegar a extremos de desgraça ecológica.

Gilberto Freyre sugere, com certa dose de idealismo, o desenvolvimento em Carajás de um programa de autocolonização, através da conjugação de três formas de Engenharia: a Física, destinada aos projetos de construção de pontes, habitações, escolas, hospitais, enfim, obras de infra-estrutura; a Humana, destinada a harmonizar as tendências humanas psicossocioculturais, com o ambiente circundante; e a Social, aquela à qual caberia organizar e sistematizar a vivência e a convivência dos homens nos planos econômico, político, religioso e recreativo.

Escrito no período de efervescência do Projeto Grande Carajás, *Ferro e civilização no Brasil* aponta para um Gilberto Freyre que propõe desenvolvimento autônomo para o Brasil. Vale lembrar que o potencial de ferro da serra de Carajás foi descoberto na década de 1960, sendo explorado pela Companhia Vale do Rio Doce, tornando-a uma das empresas estatais mais lucrativas. Em 1997, o potencial de Carajás passou a ser explorado pela iniciativa privada, após polêmico processo de privatização da Companhia Vale do Rio Doce. Eis o que diz Gilberto Freyre sobre Carajás:

"A Amazônia brasileira – pode-se desde já sugerir – com a presença das reservas de ferro de Carajás, seria um paraíso, através da pura Engenharia Física, para negócios antiecológicos do ponto de vista brasileiro da Engenharia Humana e da Engenharia Social, em choque com interesses não brasileiros servidos por primores de Engenharia Física. Compreende-se, assim, que a brasileiros voltados para o problema imenso que Carajás representa para a Amazônia, em particular, e para o Brasil, em geral, surja, como solução através do que aqui se apresenta como conjugação, a serviço da sociedade brasileira, das três Engenharias, uma ligação em profundidade da exploração do abundante minério como uma bem articulada autocolonização – brasileira, portanto – criativamente agrária, dos espaços sobre os quais começa a repercutir o impacto de Carajás.

Inclusive – como já se lembrou neste texto – através de uma concentração brasileira na utilização do muito ferro amazônico, na criação ou no aprimoramento, de todo um conjunto de instrumentos agrários de ferro, reclamados por uma maior criatividade brasileira no setor da atividade agrária. Isto é, pela criação e fabrico de instrumentos agrários que, ao contrário dos que vêm sendo importados de países de solos quase de todo diferentes dos tropicalmente brasileiros, correspondam à exata natureza desses solos em termos de arados, tratores, outras máquinas e instrumentos, de todo adaptados a esses solos.

(...)Essa autocolonização, partindo de espaços rurais, agrários, poderia vir a projetar-se, como tal, isto é, como expressão de criatividade brasileira e como nova defesa do desenvolvimento nacionalmente de possíveis impactos de neocolonizadores que possam ser provocados pelo fenômeno Carajás, sobre espaços urbanos, tornando possivelmente o Brasil, em suas cidades, cenário de novos arrojos na arte do ferro. Arte em cujos passados estão notavelmente presentes Europas ibéricas que, nesse particular, estenderam suas criações a outras partes do mundo, marcadas por influências ibéricas ligadas a espaços tropicais: uma dessas partes, decerto, o Brasil." (*op. cit.*, pág.270-274)

FREYRE E O TURISMO

Guia Prático, Histórico e Sentimental da Cidade do Recife, publicado na década de 30, deixa transparecer todo o apego do escritor à cidade natal, às suas tradições, encantos e diversidade de atrativos turísticos. As paisagens e os costumes do Recife vão sendo apresentados de maneira aconchegante e próxima do leitor, como se ele estivesse passeando e apreciando a paisagem diante de seus olhos. Gilberto Freyre explora o imaginário dos sentidos para envolver o leitor numa atmosfera de odores, sons, gostos, paisagens e toques. Enriquece suas descrições com informações históricas, às vezes pessoais. Parece desejar que o leitor tenha a sensação de uma conversa entre amigos, um sugerindo ao outro, mais do que informando.

A intenção de Gilberto Freyre no seu *Guia Histórico e Sentimental* é justamente evitar uma apresentação fria e inexpressiva de sua cidade, como a dos catálogos turísticos convencionais. Vale considerar que, em obras futuras, Gilberto Freyre estará cada vez mais preocupado com a relação tempo-lazer na sociedade industrial. Convencido de que o avanço tecnológico levará ao crescimento do período de ócio dos indivíduos, sugere a elaboração de estratégias de lazer para esse tempo não dedicado ao trabalho. Sobre Recife, conta Gilberto Freyre:

"No Recife, as roseiras não se fazem de rogadas para se abrir em botões e em rosas de uma fragância como só nos trópicos. E ao lado das rosas, girassóis enormes; jasmins de cheiro que noite de lua tornam uma delícia o passeio pela cidade, ao longo das grades e dos muros das casas dos subúrbios. Tempo de cajú, os cajueiros perfumam as estradas. Infelizmente não há mercados de flores na cidade; nem no centro de Recife parques que dêem ao turista a idéia, mesmo vaga, da grande variedade de nossa vegetação e da nossa fauna. Isso foi no bom tempo de NASSAU. O governador holandês, que tanto amou o Recife, mandou fazer um parque e um jardim zoológico, que eram um encanto. Bicho muito e dos mais bizarros. Árvores – uma variedade. Os coqueiros foram plantados já crescidos; e parecia sempre dia de festa a vida no Recife do tempo de MAURÍCIO DE NASSAU. Cidade cheia de gente se divertindo, passeando de bote, comendo merenda ao ar livre, vendo os bichos do jardim, gozando a sombra do arvoredo.

Depois de NASSAU, restaurado o domínio português, ainda houve governadores amigos das árvores, como HENRIQUE FREIRE e DOM THOMAZ DE MELLO. Plantaram-se gameleiras nos largos e à beira das estradas. Na República, porém, não se sabe por que estranho sentido de arte ou de higiene tropical, os prefeitos do Recife deram para perseguir as árvores como quem persegue inimigos. Outros para botar abaixo as velhas gameleiras para em seu lugar plantar Ficus Benjamim. Só nos últimos anos tem se feito reação aos dois males. Isto, menos por iniciativa dos prefeitos do que pela pressão de campanhas jornalísticas e do Centro Regionalista do Nordeste – que foi também onde primeiro se cuidou do problema da urbanização do Recife. Mas continua ainda certo horror às árvores. Um prefeito já chegou ao extremo de deixar que as árvores da Praça Maciel Pinheiro engordassem, como na velha história de azeite, senhora velha com os netinhos – para botá-las todas abaixo, e estender então canteiros e arrelvados pela praça inteira, batida de sol.

Hoje, felizmente, vai se desenvolvendo maior amor às árvores." (*op. cit.*, pág.197-205)

FREYRE E A CULTURA

No livro *Açúcar, uma sociologia do doce, com receitas de bolos e doces do Nordeste do Brasil,* publicado em 1939, Gilberto Freyre aponta seu objeto de análise, através das receitas de quitutes e pratos deliciosos da culinária do Nordeste e especificamente de Pernambuco: a cultura, no seu aspecto de constância, de elo entre o passado e o presente. Nesta obra transparece a predileção do escritor por seu estado natal, como aquele no qual se atingiu o topo da evolução cultural do Nordeste. Enquanto valoriza a arte culinária regional, insiste no fato de estar se referindo à culinária da casa-grande colonial, que, segundo ele, produz os doces mais verdadeiramente brasileiros. Doces com uma dose de equilíbrio só adquirido em Pernambuco, onde o toque da senhora portuguesa conteve os excessos da influência africana. Uma culinária só possível num sistema escravocrata, que garantia as condições de tempo para o preparo, o requinte das receitas, e a arte de servir. "Só o grande lazer das sinhás ricas e o trabalho fácil das negras e das molecas explicam as exigências de certas receitas das antigas famílias das casas-grandes e dos sobrados; receitas quase impossíveis para os dias de hoje", são palavras de Gilberto Freyre. Segue outra passagem, em que o escritor faz uma curiosa comparação entre a culinária e as receitas médicas:

"Através do cotidiano ou quase-cotidiano é que se fixam, nas culturas, os seus característicos e se firmam os seus valores. É que se consolidam nas sociedades as suas constantes. Quatro séculos do continuado esmero no preparo de doces, de bolos, de sobremesas com açúcar, asseguram ao Nordeste neste particular um primado, no Brasil, que é hoje um dos orgulhos tão gerais da cultura brasileira quanto a arte mineira de escultura em pedra-sabão (que culminou nas criações geniais do Aleijadinho) ou a música, de sabor principalmente carioca, que atingiu seu máximo no gênio de Villa-Lobos sem deixar de continuar a exprimir-se, uma, nos choros dos Pixinguinhas, outra, num barroco moderno, mas, ao mesmo tempo, tradicionalmente brasileiro.

(...)Em compensação, através das receitas – algumas delas, segredos de família –, é uma arte que resiste a seu modo ao tempo, repetindo-se ou recriando-se, com a constância das suas excelências e até das suas sutilezas de sabor; afirmando-se por essa repetição ou por essa recriação. Numa velha receita de doce ou de bolo há uma vida, uma constância, uma capacidade de vir vencendo o tempo sem vir transigindo com as modas nem capitulando, senão em pormenores, ante as inovações, que faltam às receitas de outros gêneros. Às receitas médicas, por exemplo. Uma receita médica de há um século é quase sempre um arcaísmo. Uma receita de bolo do tempo do padre Lopes Gama ou de doce dos dias de Machado de Assis que se tenha tornado um bolo ou um doce clássico – como o sequilho do padre ou o doce de coco do romancista – continua atual, moderna, em dia com o paladar, se não humano, brasileiro.

O motivo dessa constante mocidade das receitas dos bolos e doces que se têm tornado clássicos em doçarias nacionais – como, entre nós, o doce de coco, como o pudim de ameixa, entre os ingleses, como a torta de maçã, entre os franceses –, em contraste com a rápida deterioração que sofrem, com o tempo, as receitas médicas, é interessantíssimo; e a consideração, mesmo de passagem, que se faça dele, pode nos levar à metassociologia ou à antropologia filosófica. A receita médica depende, para sua sobrevivência, da arte dos clínicos. A receita de doce é quase que só arte: para sobreviver não depende das constantes alterações nas verdades científicas embora precise – é certo – de condicionar-se, em alguns de seus aspectos, a transformações de caráter sociocultural. Seus principais compromissos são, porém, com o paladar, com o olfato, com os olhos dos homens: com constantes que impedem quase de modo completo do certo ou do errado estritamente científico. Pode a ciência dos nutrólogos nos advertir contra excessos neste ou naquele ingrediente que dê sabor a um doce. Contra excessos do próprio açúcar. Mas sem que a ciência, com suas freqüentes inovações, chegue a desatualizar ou invalidar receitas de doces com a facilidade com que desatualiza e invalida receitas médicas. A ciência raramente consegue sobrepor-se de todo ao que é constante nas artes ou nas religiões ou nas filosofias." (*op. cit.*, pág. 22-25)

FREYRE E A ARQUITETURA

Uma polêmica importante sobre arquitetura foi travada por Gilberto Freyre em dois momentos de sua obra. O primeiro deles em *Sobrados e Mucambos*, quando o escritor faz a apologia do mocambo como arquitetura brasileiramente ecológica. E mais tarde em *Brasis, Brasil e Brasília*, uma crítica aberta ao projeto e construção de Brasília, Capital Federal, por considerá-la antiecológica.

Em *Sobrados e Mucambos* Gilberto Freyre apresenta o mocambo como uma constância na cultura brasileira, ao contrário do sobrado colonial e dos palacetes, sempre moldados de acordo com a moda e o gosto estrangeiro. Ou dos sobrados menores, agarrados uns aos outros e sem ventilação. Nesta obra o escritor descreve o mocambo em suas características construtivas, tais como materiais empregados, valorizando sua harmonia com a região e o clima em que é construído. Não o elogia enquanto habitação das classes sociais menos favorecidas, posto que reconhece as condições de insalubridade e morbidade dos locais em que são construídos, e suas conseqüências danosas para a saúde de seus habitantes. O escritor valoriza o material empregado e a técnica construtiva, como soluções criativas de arquitetura para o clima tropical, desviando a questão da idéia de conflito. Ele diz:

"Pela qualidade de seu material, e até pelo plano de sua construção, o mucambo ou a casa de pobre corresponde melhor ao clima quente que muito sobrado; ou que a casa térrea de porta e janela, do pequeno burguês, no seu maior número ou na sua quase totalidade. Esse material e esse plano não são culpados, pelo menos diretamente, do sistema de saneamento no quintal, comum a muitos mucambos – a latrina muitas vezes junto do poço de água de beber – nem da dormida sobre o chão puro; nem da falta de acabamento na casa de taipa (reboco), coberta de palha. Referimo-nos ao plano na sua pureza por assim dizer ideal e ao material, também puro, que reunidos dão ao mucambo melhores condições de arejamento e de iluminação que as dos sobrados tipicamente patriarcais – com suas alcovas no meio da casa, seus corredores, suas paredes sorando o dia inteiro – e do que as das casas de porta e janela. (...)

Os que ingenuamente, ou para enfeite de seus programas de um messianismo simplista ou cenográfico, vêm considerando o mucambo ou a palhoça o maior espantalho de nossa vida e querendo resolver o problema da habitação proletária no Norte do Brasil, proibindo o uso da palha na construção de casas pequenas, vêm colocando o problema em termos falsos e inteiramente antibrasileiros e antiecológicos. O mucambo higienizado, com saneamento e piso, parece ser solução inteligentemente ecológica e econômica do nosso problema de habitação proletária no Norte do País, tal como esse problema se apresenta há longos anos aos administradores: exigindo solução imediata. Solução inteligente não só dentro de nossos recursos econômicos imediatos como de acordo com o ambiente, o clima, a paisagem regional. No Sul do Brasil é que o problema se agrava e, devido a condições de clima, exige soluções mais caras, com material que proteja, melhor do que a palha, o morador contra o frio e a geada." (*op. cit.*, pág. 229-234)

FREYRE E O REGIONALISMO

O *Manifesto Regionalista*, de 1926, publicado pela primeira vez em 1952, mostra um Gilberto Freyre jovem em busca da preservação das características culturais mais tradicionais de sua terra natal, Pernambuco, como parte do contexto maior nordestino. É importante observar que o *Manifesto* foi escrito sob o impacto do Movimento Modernista de 1922, durante o processo de transformações políticas e econômicas do país, provocadas pelo final da 1ª Guerra Mundial, e pelo desgaste da política oligárquica brasileira e pelo movimento da Coluna Prestes (1924-1926), em território nacional.

Assim como nas suas obras clássicas, Gilberto Freyre utiliza uma linguagem quase coloquial no *Manifesto*. Logo de início conta, como se estivesse escrevendo uma carta a um amigo, que seu grupo regionalista se reúne todas as semanas para conversar, mais do que discutir, a respeito de questões regionais, além de apreciar quitutes feitos por *mãos de sinhás*. Um grupo apolítico, não acadêmico, mas constante, o escritor faz questão de frisar. O movimento regionalista, que não é separatista, nem bairrista, mas genuinamente brasileiro, nacionalista e antiestadualista, propõe uma nova organização para o Brasil.

Na visão de Gilberto Freyre as influências estrangeiras no modo de vida brasileiro pecaram por descaracterizar sua cultura, e provocar o desentendimento, as rivalidades e a desigualdade entre estados ricos e poderosos, e os estados mais pobres. Acima dos estados deveriam estar as regiões do Brasil, em suas características de homogeneidade social e ambiental, acredita Gilberto Freyre. Pode-se observar, no *Manifesto Regionalista*, o desejo do escritor de defender uma parcela de poder para a decadente região Nordeste.

"Primeiro, sacrificaram-se as Províncias ao imperialismo da Corte: uma Corte afrancesada ou anglicizada. Com a República – esta ianquizada – as Províncias foram substituídas por Estados que passaram a viver em luta entre si ou com a União, impotente nuns pontos, e, noutros, anárquica: sem saber conter os desmandos paraimperiais dos Estados grandes e ricos, nem policiar as turbulências balcânicas de alguns dos pequenos em população e que deviam ser ainda Territórios e não, prematuramente, Estados.

Essa desorganização constante parece resultar principalmente do fato de que as regiões vêm sendo esquecidas pelos estadistas e legisladores brasileiros, uns preocupados com os "direitos dos Estados", outros, com as "necessidades de união nacional", quando a preocupação máxima de todos deveria ser a de articulação interregional. Pois de regiões é que o Brasil, sociologicamente, é feito, desde os seus primeiros dias. Regiões naturais a que se sobrepuseram regiões sociais.

De modo que sendo esta a sua configuração, o que se impõe aos estadistas e legisladores nacionais é pensarem e agirem interregionalmente. É lembrarem-se sempre de que governam regiões e de que legislam para regiões inter-dependentes, cuja realidade não deve ser esquecida nunca pelas ficções necessárias, dentro dos seus limites, de "União" e de "Estado". O conjunto de regiões é que forma verdadeiramente o Brasil. Somos um conjunto de regiões antes de sermos uma coleção arbitrária de "Estados", uns grandes, outros pequenos, a se guerrearem economicamente com outras tantas Bulgárias, Sérvias e Montenegros e a fazerem as vezes de partidos políticos – São Paulo contra Minas, Minas contra o Rio Grande do Sul – num jogo perigosíssimo para a unidade nacional.

Regionalmente é que deve o Brasil ser administrado. É claro que administrado sob uma só bandeira e um só governo, pois regionalismo não quer dizer separatismo, ao contrário do que disseram ao Presidente Artur Bernardes. Regionalmente deve ser estudada, sem sacrifício do sentido de sua unidade, a cultura brasileira, do mesmo modo que a natureza; o homem da mesma forma que a paisagem. Regionalmente devem ser considerados os problemas de economia nacional e os de trabalho." (*op. cit.*, pág. 29-34)

FREYRE E AS RELAÇÕES INTERNACIONAIS

Em *Homem, Cultura e Trópico,* Gilberto Freyre manifesta uma vertente diplomática. O escritor expõe a relação entre a Tropicologia, definida como ecologia social do trópico e estudo antropológico do homem aí situado, com um projeto de relações exteriores do Brasil com países geográfica ou ecologicamente semelhantes a ele. Parte de temas já explorados nas obras clássicas – o clima, a democracia racial, o pluralismo regional e o sentido cristocêntrico da colonização da América –, para ilustrar condições de liderança brasileira no cenário das nações tropicais, tanto aquela com experiência colonial hispânica quanto não hispânica. Ao Brasil cabe sugerir modelos de desenvolvimento econômico e cultural a outros países, sem que isso venha a ser considerado uma forma de intrusão. Reciprocidade, na constelação ecológica cultural de países tropicais; e resistência, ao invés de armada, cultural e moral, contra imperialismos que visem descaracterizar sua autenticidade e integralidade. Diz o escritor:

"Parece-me este ponto de alguma importância para a orientação que o Brasil de hoje dê à sua política exterior: uma política que, além de especificamente política e econômica, precisa de ser também uma política atenta ao intercâmbio de valores culturais. Entre esses valores, os de ciência, os de arte, os de literatura; mas também os que se referem a estilos de convivência, sabido como é que neste particular os brasileiros, sem serem perfeitos, constituem hoje uma das democracias étnicas mais avançadas de qualquer parte do mundo.

(...) Aceita, a nova solidariedade, além de vagamente sentimental, efetiva e ativamente cultural, que se cria para o Brasil, com relação a povos, uns vizinhos, outros distantes de nós, no espaço físico, mas semelhantes a nós pelos processos de integração em terras quentes, é tão evidente que ao senso político dos brasileiros não será difícil aperceber-se do que essa solidariedade, traduzida em política, em ação, em cooperação, poderá significar para uma já meia-potência moderna como é o Brasil.

(...) Ao Brasil de hoje abrem-se oportunidades de povo condutor de povos tropicais, menos desenvolvidos que o brasileiro; oportunidades acompanhadas de responsabilidades que se não forem assumidas pelos brasileiros terão de ser assumidas exclusivamente pelos indianos e pelos árabes unificados, ficando os mesmos brasileiros reduzidos a uma situação politicamente inerte entre esses povos, quando, sob vários aspectos, sua civilização simbioticamente eurotropical talvez seja a mais criadora e a mais dinâmica das modernas civilizações que se desenvolvem nos trópicos; é uma das raras em que esse desenvolvimento se verifica não sob a forma de um esforço antieuropeu ou sob o aspecto de uma atividade apenas sub-européia, mas sob esta configuração: a de uma civilização predominantemente cristã e até européia senão nos seus motivos, nas suas formas de vida, que se integra no trópico sem renunciar ou repudiar o que no seu passado europeu é susceptível na sua tropicalidade.

Não se compreende que os povos hispanotropicais que se estendem pela América, pela África, pelo Oriente, como nações uns, como quase-nações outros, todos formando interregionalmente um complexo cultural – um dos mais fortes e significativos complexos ecológico-culturais do mundo de hoje – conservem-se alheios à missão de oferecerem, ou antes, de serem, uma terceira solução para os problemas de relações entre europeus e não-europeus, entre a Europa e os trópicos, entre a civilização européia e as civilizações não-européias. É uma solução, essa, que vem consistindo numa interpenetração tal de raças e de culturas que não nos deixa motivos nem para nos extremarmos em antieuropeus, nem para nos sentirmos amargamente subeuropeus, desde que aos valores tropicais temos acrescentado, e continuamos a acrescentar, de tal modo, os valores europeus formando, com essas interpenetrações, novas combinações, adaptadas à nossa nova condição – a de tropicais – que a nossa situação de maneira alguma se deixa caracterizar pela de povos passivamente coloniais com relação à cultura européia. Ou à chamada cultura ianque, quando ela deixa de ser uma cultura interamericana para pretender tratar as demais culturas americanas como subculturas que devessem imitá-la e segui-la em tudo." (*op. cit.*, pág.187-198)

FREYRE E AS ETNIAS FORMADORAS DO BRASIL

Ao elaborar sua teoria sobre a formação da sociedade brasileira em *Casa-Grande & Senzala*, Gilberto Freyre discorre sobre as contribuições das três culturas formadoras da nação: branca, negra e índia. É quando o escritor encontra um meio de enaltecer a figura do negro, enquanto civilizador, e denegrir o indígena. Sem noção de propriedade privada, nem as habilidades dos negros, os índios são vistos como entrave para a colonização e o desenvolvimento do Brasil. São palavras de Gilberto Freyre:

"Deixemo-nos de lirismo em relação ao índio. De opô-lo ao português como igual contra igual. Sua substituição pelo negro – mais uma vez acentuemos – não se deu pelos motivos de ordem moral que os indianófilos tanto se deliciam em alegar: sua altivez diante do colonizador luso em contraste com a passividade do negro. O índio, precisamente pela sua inferioridade de condições de cultura – a nômade, apenas tocada pelas primeiras e vagas tendências para a estabilização agrícola – é que falhou no trabalho sedentário. O africano executou-o com decidida vantagem sobre o índio principalmente por vir de condições de cultura superiores. Cultura já francamente agrícola. Não foi questão de altivez nem de passividade moral. (*op. cit.*, pág.269)

(...)

Foi ainda o negro quem animou a vida doméstica do brasileiro de sua maior alegria. O português, já de si melancólico, deu no Brasil para sorumbático, tristonho; e do caboclo nem se fala: calado, desconfiado, quase um doente na sua tristeza. Seu contato só fez acentuar a melancolia portuguesa. A risada do negro é que quebrou toda essa "apagada e vil tristeza" em que se foi abafando a vida nas casas-grandes. Ele que deu alegria aos são-joões de engenho; que animou os bumbas-meu-boi, os cavalos-marinhos, os carnavais, as festas de Reis. Que à sombra da Igreja inundou as reminiscências alegres de seus cultos totêmicos e fálicos as festas populares do Brasil; na véspera de Reis e depois, pelo carnaval, coroando os seus reis e as suas rainhas; fazendo sair debaixo de umbelas e de estandartes místicos, entre luzes quase de procissão, seus ranchos protegidos de animais – águias, pavões, elefantes, peixes, cachorros, carneiros, avestruzes, canários – cada rancho com o seu bicho feito de folha-de-flandres conduzido à cabeça, triunfalmente; os negros cantando e dançando, exuberantes, expansivos." (*op. cit.*, pág.476)

Em *Sobrados e Mucambos,* Gilberto Freyre expõe suas idéias a respeito de transformações na sociedade e economia brasileiras, como o avanço do capitalismo, do liberalismo e do predomínio do público sobre o privado. Um conjunto de mudanças responsável pela desagregação do poder senhorial, pela segregação entre as classes e as raças, e pelo risco do conflito social. Daí a urgência, transparece na obra de Gilberto Freyre, de um agente pacificador, conciliador das relações desiguais entre ricos e pobres, negros e brancos: o mestiço, síntese do passado e sujeito do futuro.

Pois que mestiço é o Brasil, na visão de Gilberto Freyre, fruto da influência do Oriente: dos mouros, dos judeus; e do Ocidente: dos ingleses, dos franceses, e dos portugueses, os últimos já mestiços em suas características históricas, assim como dos africanos escravos e dos índios. Desta forma:

"No Brasil, uma coisa é certa: as regiões ou áreas de mestiçamento mais intensa se apresentam as mais fecundas em grandes homens. A nossa Virgínia durante a monarquia, a mãe de grande parte dos presidentes de conselho e dos ministros de Estado foi – a comparação já tem ocorrido a mais de um estudioso da formação política do Brasil e não tem pretensão nenhuma a original – a Bahia, penetrada não só do melhor sangue que o tráfico negreiro trouxe para a América como da cultura mais alta que transmitiu da África, ao continente americano. A chamada Atenas brasileira, o Maranhão, foi outra sub-região de mestiçamento intenso, com seus muitos curibocas idealizados ou romantizados em cablocos. O maior deles, Gonçalves Dias. Minas foi ainda outra área de mestiçamento intenso, com predominância do negro sobre o índio entre os elementos de cor. Em contraste com os rio-grandenses-do-sul, mais brancos e tão cheios de radicalismos e de intransigências nas suas atitudes políticas – excetuados os mestiços da área misionera: caboclos dos quais o ensino jesuítico fez uma espécie de mulatos introvertidos ou apolíneos, pelo untuoso dos modos, pelo diplomático das atitudes – os homens da região de maior e mais profundo amalgamento de raças, alguns deles mulatos, vários negróides, têm levado para a administração pública em nosso País, para a política, para a diplomacia, para a direção da Igreja Católica, uma sabedoria de contemporização, um senso de oportunidade, um equilíbrio que fazem deles os melhores pacificadores, os melhores bispos, os diplomatas mais finos, os políticos mais eficientes.

(...)Não é mais o caso da ascensão de mulatos ou de mestiços à sombra do domínio social, já agora em declínio, dos brancos e dos quase-brancos das casas-grandes e dos sobrados patriarcais. É o triunfo mais largo e menos individual do mestiço, do curiboca, e, principalmente, do mulato, do

meia-raça, do caldeado no sangue e na cultura, através de melhor correspondência não diremos de caráter rigidamente psicológico – derivando essa correspondência de imposições biológicas – mas socialmente psicológico, entre o líder mestiço e a massa, em sua maioria também mestiça. Biológica ou sociologicamente mestiça. Pois consideráveis grupos de populações meridionais do Brasil, cuja situação de filhos de italianos, poloneses, alemães, sírios, japoneses assemelha-se psicológica e sociologicamente – embora não culturalmente – à de mestiços, dão extensão sociológica à caracterização da massa brasileira como massa mestiça. Há entre os dois – indivíduo mestiço e massa mestiça, dentro do sentido antes sociológico que biológico aqui atribuído à condição de mestiço – uma espécie de maçonaria, uma linguagem secreta como a dos namorados e a dos pedreiros-livres."
(*op. cit.*, pág.658-662)

FREYRE E A AMAZÔNIA

Cronologicamente a última obra de Gilberto Freyre, *Homens, engenharias e rumos sociais* revela a utopia não-burguesa do escritor. Neste livro, o escritor faz uma espécie de síntese de suas idéias e propõe dois projetos para o Brasil: um, para a colonização da Amazônia – "o Brasil amazônico será aquela terra messiânica" –, onde será possível experimentar novas formas de convívio social, sem as pressões históricas características de outras regiões; outro, para o futuro das relações raciais no Brasil. Um Brasil democrático, original, genuíno, melhor, porque moreno, metarracial.

O novo modelo de sociedade proposto por Gilberto Freyre põe em evidência seu idealismo. Ele pretende uma autocolonização amazônica, colocada em prática por engenheiros – físicos, humanos e sociais – e por técnicos, mas coordenada e orientada pelo que o escritor chamou de humanistas científicos, técnicos em idéias gerais. E também por artistas. Em síntese:

"Não parece ter estado nos objetivos da Transamazônica servir de instrumento a uma nova forma de Estado totalitário, ou sequer rigidamente ou burocraticamente socialista, que em troca de benefícios a indivíduos-pessoas, as despersonalizasse, tornando-a apenas massa. Massa indistinta. O experimento grandioso que se inicia na Amazônia brasileira terá – tudo o indica – quando ativado, outro caráter. Procurará atender – é o que muitos esperam – à vocação socialmente democrática do brasileiro. Procurará corresponder às aspirações, também socialmente democráticas, dos desencantados com outros tipos de sociedade: desencantados que procurem em sociedade neobrasileira, que ali tudo indica que se formará, oportunidades para uma mais livre expressão de afãs pessoais em harmonia com uma mais ampla socialização da educação – socialização flexível e respeitadora de indivíduos ou de pessoas –, da cultura e da convivência que temos atualmente em vigor noutras comunidades.

(...)Precisamos, para que tais orientações prevaleçam no pós-moderno Brasil de que a chamada valorização da Amazônia, indo além de Brasília, se apresenta como uma antecipação e como símbolo capaz de prestigiar um generalismo que corrija excessos de especialismo. Um humanismo que modere extremos de cientificismo. Uma sensibilidade à tradição nacional que se junte ao gosto por inovações da parte de uma liderança coordenadora que, utilizando-se da arte política, harmonize tensões inevitáveis e antagonismos indestrutíveis entre energias diversas, equilibrando-os sem destruí-los. Coordenando-os a favor de um Brasil total que, nacional nos principais característicos do seu comportamento e da sua cultura, continue a ser, também, pelo que nele vem sendo há séculos interpenetração de sangues e de culturas, avançadamente pan-humano na sua ética e na sua estética – a ética e a estética de uma gente crescentemente metarracial em suas concepções do que sejam valores humanos ao mesmo tempo que brasileiros: desde os morais aos físicos. Desde a música mestiça de Villa-Lobos à beleza tropical de mulheres mais inconfundivelmente brasileiras em suas formas e cores. As Sônias e as Veras. As muitas Sônias e as muitas Veras.

(...)Também de um novo tipo de relação entre arte e vida. Entre arte e Amazônia. Artistas, compositores, cineastas estão entre os brasileiros que mais têm o que dar à Amazônia de masculamente brasileiro: de procriador, de fecundante, de desvirginador em proveito de um Brasil. Um Brasil que precisa de ter nele de todo integrada a Amazônia para ser plenamente brasileira na sua vida, na sua convivência e na sua cultura nacionais. E essas artes são das mais integrativas. Integrativas numa cultura nacionalmente brasileira." (*op. cit.*, pág.156-166)

REFLEXÃO E DEBATE

1. Sintetize o tratamento dispensado por Gilberto Freyre à questão indígena e reflita sobre a atualidade do seu pensamento.

2. Procure informações sobre a Amazônia, seus recursos e possibilidades. Em seguida, releia a proposta de Gilberto Freyre para aquela região e elabore uma conclusão.

BIBLIOGRAFIA

ARAÚJO, Ricardo Benzaquen de. *Guerra e Paz: Casa-Grande & Senzala e a obra de Gilberto Freyre nos anos 30*. Rio de Janeiro, Ed. 34, 1994.

BASTOS, Élide Rugai. "Oliveira Vianna e a Sociologia no Brasil (Um debate sobre a formação do povo)" *in* BASTOS, Élide Rugai; MORAES, João Quartim de (orgs.) *O Pensamento de Oliveira Vianna*. Campinas, Editora da Unicamp, 1993 (Coleção Repertórios).

_____*Gilberto Freyre e a Formação da Sociedade Brasileira*. Tese de doutorado, apresentada ao Programa de Estudos de Pós-graduados em Ciências Sociais. PUC-São Paulo. São Paulo, 1986.

CÂNDIDO, Antônio; CASTELLO, J. Aderaldo. *Modernismo*. Rio de Janeiro, DIFEL, 1979. (Presença da Literatura Brasileira).

D'ANDREA, Moema Selma. *A Tradição Re(des)coberta. Gilberto Freyre e a Literatura Regionalista*. Campinas, Editora da Unicamp, 1992. (Coleção Viagens da Voz).

FREYRE, Gilberto. *Açúcar: uma sociologia do doce, com receitas de bolos e doces do Nordeste do Brasil*. São Paulo, Companhia das Letras, 1997.

_____ *O Brasileiro entre outros Hispânicos: afinidades, contrastes e possíveis futuros nas suas inter-relações*. Rio de Janeiro; Brasília, DF, José Olympio: INL/MEC, 1975.

_____ *Casa-Grande & Senzala: formação da família brasileira sob o regime da economia patriarcal*. São Paulo, Círculo do Livro, sd.

_____ *O Escravo nos Anúncios de Jornais Brasileiros do século XIX*. 2ª ed. aum. São Paulo, Ed. Nacional/ Recife, Instituto Joaquim Nabuco de Pesquisas Sociais, 1979. (Brasiliana, v.370) (Série Estudos e Pesquisas – Instituto Joaquim Nabuco de Pesquisas Sociais, 14).

_____ *Ferro e Civilização no Brasil*. Recife, Fundação Gilberto Freyre/Rio de Janeiro, Record, 1988.

_____ *Guia Prático, Histórico e Sentimental da Cidade do Recife*. 2ª ed. Rio de Janeiro, Livraria José Olympio Editora, 1942. (Coleção Documentos Brasileiros, vol. 34).

_____ *Homem, Cultura e Trópico*. Recife, Universidade do Recife/Imprensa Universitária, 1962. Conferência proferida pelo autor por ocasião de ser inaugurado o Instituto de Antropologia Tropical na Faculdade de Medicina da Universidade de Recife (1961).

_____ *Homens, engenharias e rumos sociais*. Rio de Janeiro, Record, 1987.

_____ *Manifesto Regionalista*. 4ª ed. Recife, Instituto Joaquim Nabuco/MEC, 1967.

_____ *Ingleses no Brasil: aspectos da influência britânica sobre a vida, a paisagem e a cultura do Brasil*. 2ª ed. Rio de Janeiro, José Olympio: Brasília, INL, 1977. (Documentos Brasileiros, v. n. 58).

_____ *Nordeste. Aspectos da Influência da Cana sobre a Vida e a Paisagem do Nordeste do Brasil*. 2ª ed., revista e aumentada. São Paulo, Livraria José Olympio Editora, 1951. (Coleção Documentos Brasileiros, 4).

_____ *Seleta para Jovens*. Rio de Janeiro, Editora José Olympio, 1971. (Coleção Brasil Moço, literatura comentada).

_____ *Sobrados e Mucambos: decadência do patriarcado rural e desenvolvimento do urbano.* 5ª ed. 1º e 2º Tomos. Rio de Janeiro, Livraria José Olympio Editora/MEC, 1977.

_____ *Tempo Morto e Outros Tempos: trechos de um diário de adolescência e primeira mocidade, 1915-1930.* Rio de Janeiro, José Olympio, 1975.

_____ *Vida Social no Brasil nos Meados do Século XIX.* Tradução do original em inglês por Waldemar Valente. 3ª ed. rev. Recife, Fundação Joaquim Nabuco, Editora Massangana, 1985. (Estudos e Pesquisas, 6).

FREYRE, Gilberto e outros. *Novos estudos Afro-brasileiros.* 2º Tomo. Rio de Janeiro, Civilização Brasileira, 1937. (Trabalhos apresentados no 1º Congresso Afro-Brasileiro do Recife) (Bibliotheca de Divulgação Scientifica, vol. 9).

Gilberto Freyre na Universidade de Brasília; conferências e comentários de um simpósio internacional realizado de 13 a 17 de outubro de 1980. Brasília, Editora Universidade de Brasília, 1981.

Gilberto Freyre: sua ciência, sua filosofia, sua arte. Ensaios de Antônio Callado e outros sobre o autor de *Casa-Grande & Senzala* e sua influência na moderna cultura do Brasil, comemorativos do 25º aniversário da publicação desse seu livro. Rio de Janeiro, Livraria José Olympio Editora, 1962.

GOMES, Mércio Pereira. *Os Índios e o Brasil.* Petrópolis, Vozes, 1988.

LEITE, Dante Moreira. *O caráter nacional brasileiro: história de uma ideologia.* 3.ed. rev., refundida e ampliada. São Paulo, Pioneira, 1976. (Biblioteca Pioneira de Ciências Sociais – Psicologia).

MOREIRA NETO, Carlos de Araújo. *A Política Indigenista Brasileira durante o século XIX*. Tese de doutoramento, FFCHL-UNESP, Rio Claro, 1971.

RIBEIRO, Darcy. *Aos Trancos e Barrancos: como o Brasil deu no que deu*. Rio de Janeiro, Guanabara Dois, 1985.

___ *O Povo Brasileiro. A formação e o sentido do Brasil*. São Paulo, Companhia das Letras, 1995.